Ma vérité sur l'assassinat de Ndadaye

Général de brigade Joseph Rugigana
Ma vérité sur l'assassinat de Ndadaye

ISBN : 979-10-93819-22-8

Dépôt légal, 2024

Maquette, conception typographique
et mise en page : Salah Amrane Amazigh

Editions Iwacu
Rue d'Edimbourg N°26
1050 Bruxelles / Belgique

Téléphone : + 32 477 133460
contact@iwacu.online
www.iwacu.online

Général de brigade Joseph Rugigana

MA VÉRITÉ SUR L'ASSASSINAT DE NDADAYE

Préface d'Ahmedou Ould Abdallah
Ancien Représentant de l'ONU au Burundi
(1993-1995)

ÉDITIONS
IWACU

BURUNDI

Aux innombrables Burundais tués
pour une cause qu'ils ignoraient.

À vous, ministre Firmin Sinzoyiheba,
pour m'avoir protégé et sauvé d'une exécution certaine.
Je vous dois la vie.

À tous mes frères d'armes, les officiers assassinés,
humiliés, exilés, sacrifiés sur l'autel
de la cupidité d'une clique sans honneur.

À ma chère mère, malade, obligée de fuir l'hôpital
où des tueurs espéraient me trouver. Tu n'as pas survécu
et je n'ai pas pu te donner de sépulture, chère maman.

À mon père, arraché de son terroir par la guerre,
qui mourut de chagrin.

À la famille Pie Baribwegure et spécialement à ma chère
tante Amélie Gahama pour avoir accompagné les derniers
instants de ma mère et tout ce qu'elle est pour nous.

À ma chère épouse, pour tout ce qu'elle a enduré.

À mes frères et sœurs, pour leur soutien indéfectible.

À mes enfants, qui savent désormais qui je suis.

À toi, cher ami N. A., pour ton amitié sincère et indéfectible.

Je dédie ce livre.

MOT DE L'EDITEUR

Au Burundi, le nom de Joseph Rugigana est indissociablement lié au putsch du 21 octobre 1993. Les gens savent généralement que cet officier a exfiltré le Président Ndadaye et sa famille du palais bombardé vers le camp Muha, avec les conséquences que l'on connaît. Depuis ce jour, le lieutenant Rugigana a gardé le silence, suscitant de nombreuses hypothèses : a-t-il véritablement tenté de sauver le Président, ou était-il partie prenante de la machination ?

Lorsque Joseph Rugigana m'a contacté il y a quelque temps pour me proposer de publier son témoignage sur les événements du 21 octobre 1993, j'ai immédiatement été intéressé. Je savais que cet officier était un témoin clé de cette nuit tragique. Comme vous le constaterez, son témoignage est particulièrement instructif : il commence par nous livrer un récit chronologique de ce qu'il a vu, entendu et fait cette nuit-là. Il répond ensuite à mes questions sur certains points de ce récit, il apporte des précisions et formule des hypothèses. Enfin, dans une section très personnelle et donc subjective, il nous dit ses convictions, il nous fait des confidences sur l'institution dont il est issu et revient une dernière fois sur ce qu'il a vécu.

Joseph Rugigana a traversé de nombreuses épreuves personnelles, psychologiques et physiques. Il a survécu à des attentats et est contraint de vivre hors de son pays. Ce n'est qu'après 31 ans de silence qu'il s'exprime enfin. Ce temps de maturation lui permet aujourd'hui de partager un témoignage à la fois fort et apaisé. Il ne cherche pas à régler des comptes, mais souhaite offrir à la postérité sa vérité. Aux Éditions Iwacu, nous considérons ce témoignage comme une pièce essentielle de plus à insérer dans le puzzle si complexe de notre histoire.

PREFACE

Un témoignage courageux

C'est avec des souvenirs qui reviennent que j'ai accepté de préfacer ce livre consacré à l'une des périodes les plus sombres de l'histoire contemporaine du Burundi. Une période qui aussi reste vive dans mon esprit.

En ce 21 octobre 1993, le pays est brutalement arraché à une trajectoire prometteuse vers la stabilité, la paix et la démocratie, par un coup d'État militaire sanguinaire. Le Président Melchior Ndadaye, après une élection démocratique aux résultats acceptés par tous, y compris les observateurs étrangers déployés sur place, est assassiné. Son parti, largement majoritaire à l'Assemblée nationale, est décapité. Juste trois mois après des élections libres organisées par le régime précédent.

Après des années de crises et conflits internes, la victoire de Ndadaye aux présidentielles de juin 1993 représentait un énorme espoir pour les populations et semblait annoncer, au-delà du Burundi, une nouvelle ère politique en Afrique liée à la fin de la guerre froide. Premier chef d'État démocratiquement élu, il symbolisait un renouveau politique et social et surtout un possible rétablissement de la paix et de l'entente entre les populations. Jusque-là, le Burundi, depuis la fin de la monarchie en 1966, était sous la coupe d'un parti unique, comme ailleurs en Afrique, au service de régimes militaires successifs issus de la même province Bururi. La victoire de Ndadaye constituait une révolution et une alternance pacifique au pouvoir. Pour la première fois, un parti dirigé par un Hutu accédait au pouvoir. Alternance qui sera de très courte durée. Le président est renversé et tué et avec lui le Président de l'Assemblée nationale, son successeur constitutionnel, ainsi que plusieurs hautes personnalités du même parti.

En province, des Hutu se soulèvent pour venger « leur Président ». Les Tutsi et les membres de l'Uprona ex-parti unique sont victimes de meurtres. En l'espace de quelques jours, des vies innocentes sont fauchées et le pays tombe dans une spirale de violence et de destruction. Le Burundi, alors présenté comme un modèle de transition en douceur, sombre dans l'enfer.

Une commission d'enquête mandatée par l'ONU (S/1996/682) établira que « *des actes de génocide ont été perpétrés au Burundi contre la minorité tutsi le*

21 octobre 1993 et les jours suivants à l'instigation et avec la participation de certains militants et responsables hutus du FRODEBU.»

Face à cette tragédie, les Nations Unies prirent le parti de tenter de sauver la paix et de sauvegarder l'espoir démocratique au Burundi. C'est dans ce contexte tragique que je fus nommé comme Représentant Spécial du Secrétaire Général des Nations Unies au Burundi en novembre 1993. Mon mandat était d'œuvrer pour le retour de la paix et de préserver les institutions démocratiques qui, malgré leur jeune âge, portaient en elles les aspirations et les rêves de tout un peuple et au-delà.

L'intervention de l'ONU répondait à des raisons profondes et interconnectées. Tout d'abord, il s'agissait de préserver la paix et donc des vies humaines et aussi le fondement même de la démocratie dans un continent où, trop souvent, le droit du plus fort prévalait sur la volonté populaire. L'élection de Melchior Ndadaye avait été un modèle d'alternance pacifique au pouvoir et plus précisément entre un régime militaire et un pouvoir civil élu. En cette période de la fin de la guerre froide et d'entente entre ex-rivaux Est et Ouest, il était important pour la communauté internationale de montrer qu'elle se tiendrait aux côtés de ceux qui choisissent la démocratie contre les coups de force. De plus, la violence qui faisait rage au Burundi risquait de s'étendre de manière déstabilisatrice à travers toute la région des Grands Lacs, une zone déjà marquée par de nombreuses tensions inter ethniques.

A mon niveau, cette menace de contagion de la violence n'était pas une simple hypothèse mais une réalité. Les tensions ethniques entre Hutu et Tutsi étaient déjà explosives au Rwanda voisin. La crise burundaise exacerbait ces tensions et ébranlait toute la région. De fait, en avril 1994, quelques mois seulement après le coup d'État au Burundi, le Rwanda plongera dans l'horreur du génocide des Tutsi.

La stabilité du Burundi était ainsi loin d'être une question isolée. Elle constituait un pilier pour la paix dans toute la région des Grands Lacs. Les violences et les déstabilisations locales avaient le potentiel de provoquer des répercussions en chaîne, alimentant les conflits ethniques, augmentant les flux des déplacés internes et des réfugiés, déstabilisant les gouvernements voisins et compromettant les efforts internationaux de développement économiques et de promotion des démocraties.

J'arrive donc au Burundi, un pays au bord de l'explosion. Les membres du gouvernement, tous nouveaux au pouvoir sont des rescapés de cette folle nuit et se terrent. Paradoxalement, dans ce chaos, l'armée, à l'origine du drame, reste la seule institution organisée.

Contrairement à d'autres armées en Afrique, l'armée burundaise était constituée d'officiers professionnels formés dans des écoles et autres académies militaires en Occident. L'une de mes priorités était d'éviter son éclatement car elle demeurait essentielle au maintien de l'ordre. Mes efforts n'ont pas été vains. En effet, alors que le Rwanda sombrait en ce 6 avril 1994, je pus réunir les leaders politiques du Frodebu, la Première ministre et le chef d'état-major des Forces armées pour lancer un appel au calme à la télévision et à la radio nationales. Nous réussîmes à démontrer que la situation était sous contrôle au niveau politique et sécuritaire grâce à la coopération entre l'armée et les leaders politiques.

Ce livre, « Ma vérité sur l'assassinat de Ndadaye » est un témoignage, plutôt rare. L'auteur, un officier burundais fut un témoin direct de la tragédie du 21 octobre 1993. Dans un pays où très peu de gens parlent, l'armée y était encore plus muette qu'ailleurs. Du reste, il a attendu 31 ans avant d'apporter son témoignage. Alors jeune lieutenant, en 1993, le général Joseph Rugigana se trouvait dans l'unité chargée de la protection du Président Ndadaye. Il raconte, comment il a réussi à sortir le couple présidentiel et ses enfants du palais présidentiel dans un engin blindé, pensant le sauver. Il décrit avec minutie la suite de cette tragique nuit du 21 octobre 1993. Tout ce qu'il a vu et vécu.

Ce témoignage courageux est une contribution à l'histoire du pays et, il faut l'espérer, au retour à une paix fondée sur l'entente entre citoyens ainsi qu'à une meilleure gestion politique et économique. Par ailleurs, des faits établis permettent aux générations actuelles et futures de mieux comprendre les errements du passé et les nombreux défis à surmonter. Le tout dans le but de bâtir et consolider une réconciliation nationale durable sur des bases saines.

Le Burundi est un pays avec une population jeune, disciplinée et très productive.

A mon arrivée, j'y avais été frappé par sa beauté et la qualité de ses infrastructures – notamment administratives et scolaires –par rapport à celles d'Afrique de l'ouest de l'époque.

Durant mon inoubliable Mission onusienne, rendue encore plus difficile après le génocide des Tutsis du Rwanda, j'ai vu des drames et tragédies mais aussi rencontré des hommes et des femmes de qualité qui ont œuvré pour la paix et la réconciliation nationale. La sagesse invite à utiliser les erreurs du passé pour en éviter de nouvelles et ainsi préparer un avenir solide. J'espère qu'il en sera ainsi au Burundi

Pour terminer, une observation et un vœu. Il est extrêmement important pour les Burundais de profiter de leurs énormes avantages qui sont exceptionnels sur notre continent. Comme le Rwanda voisin, le Burundi est un des rares États-nations africains avec des populations ayant la même langue, la même culture et un pouvoir central séculaire. Et, de plus, une très forte productivité économique et une discrétion, ou modestie, source de puissance pour rebâtir leur beau et vieux pays. Se réconcilier est la voie unique permettant d'éviter les cycles de violences meurtrières et leurs corollaires de mauvaise gouvernance. Qui ont trop duré.

Ahmedou Ould Abdallah

PROLOGUE

Je voudrais introduire mon témoignage par une anecdote qui m'a marqué. Je n'ai aucun complexe à dire ce que je fais maintenant pour gagner ma vie. Je ne suis pas aux crochets de mon pays d'accueil ou de qui que ce soit : je suis chauffeur Uber. Ce travail, je l'exerce avec dignité. Pendant mon service, je suis toujours en costume et cravate. C'est une manière pour moi de respecter mes clients et de me respecter moi-même. Le désespoir nous prend d'abord la dignité. Je garde ma dignité.

Un jour, au cours d'une de mes courses, j'ai été bloqué dans un tunnel bruxellois. Nous avons commencé à échanger avec mon client. Il m'a demandé mon pays d'origine et je lui ai dit que je viens du Burundi. Il m'a dit qu'en 1993-1994, il y avait été plusieurs fois en mission pour le compte d'une organisation dont il n'a pas cité le nom. Je me suis rappelé en effet que plusieurs missions d'enquête sont venues au Burundi après la crise d'octobre 1993. Il m'a demandé ce que je faisais au Burundi et spontanément, je ne sais pas mentir, je lui ai dit que j'étais militaire dans l'unité chargée de la sécurité du Président. Alors, avec une pointe de tristesse, il m'a dit :

— Ah… l'unité de protection qui a livré le Président à un camp de militaires putschistes…

Ce n'était même pas une question, mais un triste constat. J'ai voulu répondre, mais les mots ne sortaient pas de ma gorge. Pourtant, la vie m'a endurci et je suis un paracommando. J'ai fait les formations les plus dures. On m'a tiré dessus plusieurs fois. J'ai mené des combats. J'ai vu des blessés, des mutilés, et j'ai enterré de nombreux militaires. Mais voilà que dans cette voiture, dans ce tunnel bruxellois, des larmes se sont mises à couler doucement. Pourtant, chez nous, on nous apprend que les larmes d'un véritable homme « coulent à l'intérieur ». Pleurer, de surcroît, devant un étranger… Mais je n'y pouvais rien. Mon armure avait craqué. Le passager a remarqué mon malaise. Il m'a demandé doucement :

— Monsieur… Je vous ai blessé ?

Je ne savais pas répondre. J'ai regardé mon GPS, il me restait 6 minutes avec ce passager que le hasard ou le destin venait de mettre sur ma route. Mais que dire en 6 minutes ? J'étais tellement triste. Voyait-il en moi

un officier immoral qui a livré le Président qu'il était censé protéger pour venir ensuite se planquer en Europe ? Comment lui dire que, simple jeune lieutenant de 30 ans à peine, je ne pouvais rien face à une machine militaire décidée à broyer son commandant suprême ? Comment lui dire que si j'ai effectivement « livré » le Président, c'était dans son camp chargé de le protéger.

Soudain, on m'a klaxonné. Emporté par mes pensées lugubres, je n'avais pas vu que la file avait avancé dans le tunnel embouteillé. J'ai déposé mon passager. Il était ému. Il avait compris qu'il avait touché une corde sensible. En sortant, il s'est penché vers moi et m'a dit :

— Monsieur, je suis désolé si je vous ai blessé… Je suis de formation psychologue. Si je peux me permettre un conseil : parlez, écrivez ce que vous avez vu et vécu. Cela va vous soulager.

Il est parti. Probablement que je ne rencontrerai plus jamais ce monsieur. Mais si je devais le revoir, je lui dirais que j'ai raconté ce que j'ai vu et vécu dans ce livre que vous tenez dans vos mains. Est-ce que cela m'a soulagé ? Curieusement, oui. Je me sens délivré d'un grand poids.

C'est un honneur d'avoir servi mon pays, sous le drapeau, pendant plus de 32 ans. Je voudrais laisser une image correcte à nos enfants qui, quoi qu'il arrive, poseront des questions, demanderont des comptes à leurs aînés. Nos petits-enfants voudront savoir les raisons de cette violence qui nous a pris tellement de frères et sœurs depuis notre indépendance.

Je pense aussi que mon témoignage permettra de rétablir quelque peu la vérité. Ce qui est arrivé le 21 octobre 1993 n'est pas l'œuvre de toute une institution. Dans cette armée, de nombreux officiers n'étaient pas partie prenante de ce crime dont le pays paie encore le prix. Et pourtant ce sont ces Justes opposés au putsch, mais impuissants comme moi, qui ont été dénigrés, humiliés, exilés, sont morts ou finissent dépressifs. Moi, j'ai survécu. C'est vrai, ces derniers temps, mon cœur si solide connaît quelques ratés. Mais globalement, Dieu merci, je vis.

Les grands officiers responsables du crime, pour la plupart, ont gardé leurs postes, d'autres se sont lancés dans les affaires et n'ont jamais été inquiétés. Certains, à l'instar du Major Alfred Nkurunziza, une pièce centrale du coup d'État, ont été promus, sont devenus ministres ou ambassadeurs.

Je sais que notre histoire est tellement difficile qu'il est impossible de faire l'unanimité. Je ne me fais aucune illusion là-dessus. Certains trouveront que j'ai dit beaucoup dans ce livre. Ou pas suffisamment. Il y en a qui me reprocheront de n'avoir pas accusé et condamné nommément certaines personnes. Je ne suis pas un juge pour accuser et condamner. Ceci est un témoignage honnête de ce que j'ai vu et vécu. Mais en lisant bien, tout lecteur objectif comprendra que cette machine qui s'est emballée le 21 octobre 1993 était huilée et avait un coordinateur puissant et respecté par le Haut Commandement de l'armée.

Pendant de nombreuses années, j'ai vécu sous la constante menace d'être éliminé comme de nombreux autres témoins. J'ai échappé à plusieurs tentatives d'assassinat. J'ai vu tomber autour de moi des officiers qui pouvaient en dire autant, et même plus sur le coup d'État. Aujourd'hui, il est de mon devoir de témoigner, non par esprit de vengeance ou désir de règlement de comptes, mais par une profonde conviction que la vérité doit être dite. C'est indispensable pour une vraie réconciliation. J'y apporte donc, humblement, ma modeste contribution.

Je ressens aussi une obligation morale de témoigner pour honorer la mémoire du Président de la République assassiné, ainsi que celle de ses proches collaborateurs. Je dois également parler pour les Burundais, qu'ils soient connus ou anonymes, qui ont été emportés par la vague de violence consécutive à ce coup d'État.

Enfin, je dois rendre justice aux nombreux officiers loyaux qui ont été sacrifiés sur l'autel du régionalisme, de l'ethnisme et de l'avidité d'une clique déterminée à ne jamais céder le pouvoir.

Les Burundais ont le droit de connaître la vérité. J'assume pleinement mes déclarations. Certaines des personnalités que je mentionne sont encore vivantes, et je suis prêt à les confronter si nécessaire.

Les faits sont têtus. Tant que je vivrai, je serai à la disposition de la Justice. Je n'y crois guère, mais je ne désespère pas. Des procès posthumes sont possibles. Pour l'histoire. Ce qui s'est passé le 21 octobre 1993 ne doit pas finir en « *cold case* ».

1993

MES FAITS ET GESTES

1993

MES FAITS ET GESTES

J'ai décidé de briser un trop long silence.

Il y a 31 ans, le 21 octobre 1993, le président Ndadaye a été assassiné. J'étais là. Au cœur de la nuit.

Je m'appelle Joseph Rugigana, je commandais le blindé où le président avait trouvé refuge quelques heures avant sa mort. Je suis maintenant retraité de l'armée burundaise, j'ai 62 ans. Je veux témoigner pour la première fois de ce que j'ai vécu.

J'ai été interrogé en 1995 par la commission d'enquête de l'ONU, je suis cité à 15 reprises dans son rapport. Première mention à l'article 127 : « *127. Vers 18 heures, le lieutenant Joseph Rugigana du "2e Commando" a été informé par un officier de son unité, le capitaine Idelphonse Mushwabure, que quelque chose se tramait et qu'il devait rester sur ses gardes.* » Dernière mention à l'article 182 : « *182. Le Président Ndadaye et sa famille sont arrivés à Camp Muha dans le véhicule blindé de Rugigana peu de temps après 7 heures.* »

Mais je n'ai pas tout dit à la commission, j'ai pesé et soupesé mes mots, j'avais été briefé par mes supérieurs, j'ai dit ce qui leur convenait, j'ai tu les faits qui les accablaient. Je ne veux pas disparaître avant d'avoir dit la vérité. Ma vérité.

Kumenera inda ku rukumu…[1]

Mais d'abord, je dois expliquer brièvement pourquoi j'étais là, cette nuit-là. Par quel concours de circonstances, après quel parcours ? Je commence par le commencement : mes débuts dans la vie et dans l'armée.

MES ANTÉCÉDENTS

Je suis né à Mukike, paroisse d'Ijenda, en 1962, dans une famille tutsi. Je suis entré à l'ISCAM (Institut Supérieur des Cadres Militaires) en 1984, d'où je suis sorti en 1989 avec le grade de sous-lieutenant, un diplôme de licence en sciences économiques et administratives, option gestion et administration, et des

[1] Littéralement : « Ecrase le pou entre tes ongles de pouce. » Expression fréquente en kirundi pour s'encourager à libérer la parole : « Parle franchement, carrément, sans retenue et sans filtre, dis tout ce que tu as sur le cœur. »

brevets de parachutiste, de commando et de chef de peloton. J'ai été affecté au 22e bataillon blindé basé à Gitega, comme chef de peloton. En 1990, j'ai été promu au grade de lieutenant. En 1991, j'ai été nommé commandant d'escadron. Le 25 août 1993, j'ai reçu l'ordre de rejoindre l'USI (Unité de sécurité des institutions) basée à Bujumbura, avec mon escadron. Concrètement, je devais travailler à la protection du tout nouveau président de la république. Pourquoi ? Pourquoi moi ? Je ne l'ai jamais su avec certitude.

Peut-être en raison de ce que Sylvestre Ntibantunganya, ancien ministre de Ndadaye, a lui-même décrit dans son livre *Burundi, démocratie piégée*: «*Nous n'avions aucune emprise sur les outils de l'Etat que sont les corps de défense et de sécurité*»[2]. L'armée, en effet, était depuis longtemps aux mains d'un petit groupe d'officiers de la province de Bururi. En 1993, la plupart des militaires étaient tutsi et une écrasante majorité des officiers supérieurs provenait d'une seule province sur 17 : Bururi. J'ai noté qu'en 2001, donc 8 ans après, le Haut-Commandement de l'état-major général était encore constitué de 6 officiers de Bururi sur 7 !

Comment assurer dans ces conditions la protection du président hutu nouvellement élu ? Il lui fallait trouver des militaires, officiers et hommes de troupe, qui

---

[2] Sylvestre Ntibantunganya, *Burundi, démocratie piégée*, Editions Iwacu, p. 259.

ne soient pas de ce « système », qui viennent d'autres provinces. C'est pourquoi peut-être j'ai été choisi. Originaire de la province de Bujumbura, basé à Gitega, je devais faire l'affaire, faute de mieux. J'étais loin du premier cercle de l'ancien régime, je bénéficiais d'une présomption de loyauté.

J'ai donc rejoint l'USI au camp Muha avec mon escadron blindé fin août 1993. Le président Ndadaye se méfiait des bataillons basés au camp para, soit le 11e bataillon blindé et le 1er bataillon des parachutistes voués corps et âme depuis des années à la protection du président Buyoya et autres purs produits de l'ancien système. Nous étions considérés comme plus fiables ou moins suspects que ces militaires à la loyauté douteuse. Mon transfert s'est effectué le 25 août 1993. J'ai été accueilli au camp Muha par le chef de l'USI, le major Isaïe Nibizi, issu de Muramvya et non de Bururi, et jugé ainsi plus sûr que d'autres…

A PIED D'ŒUVRE

Je sens immédiatement une forte tension à Bujumbura. Le malaise est palpable, surtout dans l'armée. Tout le monde semble se méfier de tout le monde. Il y a des rumeurs de coup d'Etat. Le 9 septembre, le capitaine Rukindikiza m'avertit qu'un coup est en préparation pour la nuit prochaine. Mais le président est aux Etats-Unis, je suis simplement chargé de sécuriser le palais et les bureaux de la présidence. Je décide en outre d'y passer la nuit avec mes hommes. Rien ne se produit, R.A.S., cela ressemble à une alerte, peut-être pour tester notre dispositif.

Le capitaine Rukindikiza ne m'est pas inconnu. Je l'ai croisé à l'ISCAM où il était mon aîné de deux ans, je l'ai retrouvé ici, à l'USI où il est affecté à la sécurité rapprochée du président, sous les ordres du capitaine Mushwabure. On a des échanges quasi quotidiens puisque je commande l'escadron blindé et qu'une de nos patrouilles est en permanence au palais. Rukindikiza a un sacré caractère, il prend sa mission très au sérieux. On dit même qu'il a fait échouer une première tentative d'assassinat du président élu, avant son investiture ! C'était le 1er juillet, jour de la fête nationale. Terrible présage.

Six officiers ont été arrêtés à cette occasion, ils sont détenus à Rumonge, dans la prison de Murembwe. Cela donne une idée du climat qui règne dans une armée qui s'est confondue si longtemps avec l'ancien régime. Après cette fausse alerte du 9 septembre, nouvel avertissement le 15 octobre : un début de mutinerie à Ngozi, au sein du 4e bataillon commando. Les soldats refusent de servir un régime qu'ils considèrent comme une menace pour les Tutsi. Le chef d'état-major qui vient d'être nommé par le nouveau président, le colonel Bikomagu, doit aller sur place pour calmer les troupes. Rien ne bouge à Bujumbura, mais les rumeurs de coup d'Etat ne cessent de s'amplifier.

RUMEURS ET ALERTES

Cinq jours plus tard, le mercredi 20 octobre, je suis à la clinique Prince Louis Rwagasore au chevet de ma mère malade, chambre 23. Vers 18 heures, le capitaine Mushwabure dont l'épouse travaille à la clinique passe me voir, me dit qu'un coup d'Etat serait en préparation et me conseille d'être très vigilant. Peu après c'est Pontien Gaciyubwenge, commandant en second de l'USI, qui vient me voir et me dit à peu près la même chose.

Je me rends immédiatement au camp Muha, je me présente au commandant de bataillon, le major Nibizi, je lui demande ses instructions. Il se fait plutôt rassurant. La situation est sous contrôle, me dit-il. Bref, la garde est assurée, je peux rentrer chez moi et rester en stand-by, on m'avertira s'il y a un problème. Je fais quand même un détour par le palais présidentiel vers 19 h 30 pour vérifier que tout est bien en place et que les militaires sont en alerte maximale. Je les informe des rumeurs de coup d'Etat, mais ils sont déjà au courant, sans plus de détails que moi. J'arrive à la maison, quartier 6 à Ngagara, j'y retrouve mon épouse, je ne lui dis rien, je ne veux pas l'affoler inutilement.

A 21 heures, je suis devant la télévision ; il y a un match de Coupe d'Europe entre le Paris–Saint-Germain et l'équipe roumaine de Craiova. Je le regarde jusqu'à la fin, le téléphone n'a pas sonné. Je me couche vers 23 h 15. Quelques minutes plus tard, on frappe à la porte, c'est un voisin et collègue, le lieutenant Sindayihebura, il est envoyé par le major Nibizi, il a reçu l'ordre de me conduire au Camp Muha. J'enfile mon uniforme, je dis à ma femme que le service m'appelle, que je ne sais pas quand je rentrerai, je partage avec elle le peu d'argent de nos économies, je retire discrètement une photo de notre album de mariage que j'emmène avec moi, comme pour conjurer le mauvais sort, et en route pour le camp Muha !

AU GARDE-À-VOUS

A l'armée, on ne discute pas. On est au garde-à-vous, on reçoit des ordres et on les exécute. Peu après minuit au camp Muha, tous les officiers sont là, ils attendent les ordres. Je me dirige immédiatement vers le bureau du major Nibizi, je le trouve en train d'écouter des échanges sur le réseau radio. Cela dure au moins cinq minutes. Il ne dit rien, il écoute. Je comprends que ce sont des échanges inhabituels, le major Nibizi les a interceptés, il a repéré la fréquence de ces militaires qui utilisent des noms de code. La radio coupée, le major me donne les ordres suivants : défendre le Palais et tenir les trois ponts sur la rivière Muha. Il précise :

— Avec ton escadron, tu dois interdire l'entrée du Palais à toute personne étrangère à ta garde et tu dois bloquer les trois ponts parce qu'ils sont stratégiques.

En effet, la rivière Muha sépare les camps militaires de la ville où se trouve le palais présidentiel. Je pose deux questions. D'abord quelles sont la taille et la force de l'ennemi ? Le major me cite le 11e bataillon blindé et le 1er bataillon para basés à quelques centaines de mètres d'ici, mais peut-être recevront-ils des renforts. Deuxième question : que dois-je faire concrètement ? Renforcer la garde à l'intérieur du palais et positionner des éléments à l'extérieur, à une distance qui permette d'en bloquer tous les accès.

Je suis immédiatement connecté sur la même fréquence que le Haut-Commandement. Je rassemble tous mes hommes avec leurs 12 engins blindés et je donne des ordres précis à mes trois chefs de pelotons. Il est minuit passé.

J'ordonne au lieutenant Augustin Managure, chef du 1er peloton, de bloquer le pont Muha sur la RN7 avec sa première patrouille et de placer la seconde sous mon commandement pour aller jusqu'au palais.

De même, j'ordonne au lieutenant Joseph Budigoma, chef du 2e peloton, de tenir le pont Muha sur la RN5 avec sa première patrouille et de placer la seconde sous mon commandement pour aller jusqu'au palais.

J'ordonne enfin au lieutenant Léonidas Sindarusiba, chef du 3e peloton, de tenir le pont Muha sur l'avenue du Large avec sa première patrouille et de placer la seconde sous mon commandement pour aller jusqu'au palais.

Mais je sens que quelque chose ne tourne pas rond. Un ordre, à l'armée, ça claque, ça s'exécute avec zèle. Mais là non, déjà le rassemblement s'était fait avec nonchalance, maintenant je sens de la mauvaise volonté pour ne pas dire de l'hostilité. J'ai des doutes, j'en fais part au major Nibizi qui vient assister en personne à l'exécution de mes ordres, il nous crie « vite, vite » et le mouvement semble s'accélérer.

Je suis perturbé mais pas de temps à perdre, j'ai une mission à accomplir. Je quitte le camp Muha aux commandes de mon BRDM2, un blindé à roues de fabrication soviétique, je m'engage sur la RN7 et fonce vers le palais présidentiel. Stupeur immédiate : je ne suis pas suivi par mes hommes et leurs 6 blindés, mais par au moins 3 camions pleins de parachutistes, que je reconnais immédiatement à leur béret rouge, eux-mêmes suivis par des blindés AML60 et AML90 de fabrication française. Je comprends qu'ils viennent du camp para, ils appartiennent sûrement au 1er bataillon parachutiste et au 11e bataillon blindé. Tout se précipite.

Il est minuit trente. J'arrive à hauteur du mess des officiers sur la RN7, un blindé ennemi m'intime l'ordre de m'arrêter, mais je passe outre, je continue à foncer vers le palais. C'est une course-poursuite, je suis pris en chasse par les mutins. J'alerte mes hommes qui sont au palais, je les avertis de l'imminence de l'attaque, de ma position et de mon arrivée. Il y a quantité de camions et blindés à mes trousses, des militaires armés jusqu'aux dents. Sans doute tous en provenance du 1er bataillon para et du 11e blindé. Rien ne les a arrêtés, ils ont franchi sans problèmes la rivière Muha, ils seront bientôt au palais.

J'arrive le premier au palais, de toute justesse. Il y a deux entrées, l'une qui donne sur le boulevard du 1er novembre, l'autre sur l'avenue du stade. C'est là que je me présente, près de l'hôtel Source du Nil. On m'ouvre, les mutins tentent de forcer le passage, mais je fais pivoter la tourelle et je tire sur le blindé qui me suit de près. Je donne l'ordre de tirer sans sommation sur tout autre engin derrière moi. La garde concentre le feu sur l'ennemi aux deux entrées du palais. Le combat commence.

L'ASSAUT DU PALAIS

Ma mission est de défendre le palais présidentiel, haut lieu de la république, coûte que coûte. Les mutins utilisent toutes leurs armes. C'est l'assaut. Nous sommes encerclés, ils tirent de partout. Nous ripostons par tous les moyens à notre disposition et nous tenons bon, ils ne parviennent pas à franchir le mur d'enceinte. Je dispose de 3 blindés à l'intérieur du palais, le mien et les deux qui sont là en permanence, qui appartiennent à la garde commandée par le lieutenant Bigabari. Il a aussi des lance-roquettes et 2 missiles portatifs Strella 2000.

Manifestement, les assaillants n'ont pas prévu une telle résistance. Nous utilisons toute notre puissance de feu, elle suffit à contenir l'assaut. Nos blindés sont bien placés, inaccessibles à leurs tirs, et nous tenons en joue les deux entrées du palais. Les échanges de tirs durent plus d'une heure, nous frappons un blindé ennemi, il y a sûrement des blessés. Aucun dans nos blindés. Il est toujours plus facile de défendre que d'attaquer.

A 3 heures du matin, les positions n'ont pas changé. L'ennemi est toujours à l'extérieur, la garde à l'intérieur. L'assaut est un échec, il y a une accalmie. Mais comment imaginer que les choses vont en rester là ? La nuit sera longue. Je comprends que ceci n'est pas une simple mutinerie, c'est un putsch ! Et les putschistes changent de tactique.

D'abord ils coupent ma fréquence, je ne peux plus communiquer avec le Haut-Commandement. Jusqu'ici, je tenais mes supérieurs au courant des événements, presque minute par minute, le major Nibizi en premier. Je n'arrêtais pas de demander des renforts. Maintenant je parle dans le vide, je suis seul avec la garde, livré à moi-même.

Ensuite, passé une demi-heure d'un calme relatif, nous sommes durement pilonnés par des obus qui viennent de loin, à quelques centaines de mètres. Ce sont des tirs d'artillerie, en provenance de trois directions : sud, sud-est, sud-ouest. C'est un bombardement en règle, le rapport de forces devient inégal. Les putschistes ont décidé de tout détruire, et sans doute aussi de nous sacrifier, moi et la garde. Me couper la fréquence, c'est comme signer notre arrêt de mort. Mon tireur, le caporal Yebeza me dit :

— Mon lieutenant, c'est fini. Prions.

Je n'ai qu'un mot :

— Prie.

ILLUSION ET STUPEUR

Le palais est en flammes, il sera bientôt en cendres et en ruines. Je m'accroche à une certitude : les obus pleuvent sur un lieu vide, le président est « quelque-part », en sécurité j'espère. La destruction du palais n'est pas la fin de tout.

Illusion ! Erreur ! Erreur fatale peut-être. Je n'en crois pas mes yeux : peu après 4 heures du matin, surgissant des décombres, je vois soudain apparaître le capitaine

Mushwabure et le président Ndadaye ! Il est en tenue militaire. Jamais, depuis des heures, on ne m'a dit à la radio qu'il était là, sous les obus, à la merci des putschistes. Je n'en reviens pas. J'interpelle Mushwabure :

— Mais vous êtes là ? Comment est-ce possible ? Tu es malade ou quoi ?

Il ne me répond pas. Il me demande de les protéger et de les installer dans mon blindé, ce que je fais immédiatement. Le président est bientôt rejoint par son épouse, ses trois enfants et deux jeunes gens, un garçon et une fille, que je ne peux pas identifier. Je remarque qu'un enfant est blessé et saigne de la tête.

Je me présente au président, je m'enquiers de ses intentions, il me dit qu'il veut quitter les lieux, mais comment ? Le capitaine me demande de les couvrir pour qu'il puisse franchir le mur d'enceinte qui sépare le palais de l'hôtel Source du Nil. Le président, en tenue de camouflage, tente d'escalader le mur, mais un tir de roquette le stoppe net. Ce tir provient d'un balcon de l'hôtel. Impossible de sortir par là. Le président revient se réfugier dans mon blindé.

Je m'aperçois que Mushwabure a disparu, très discrètement. Je ne le reverrai plus, je suis plus seul que jamais, avec des responsabilités nouvelles, écrasantes. Que faire ? Il est 5 h 30, le ciel commence à s'éclaircir, l'intensité des bombardements a diminué, mais les blindés qui entourent le palais ont été renforcés, ils se remettent à tirer de près. Un feu nourri, notre mort est certaine si nous restons ici.

La batterie de mon blindé est plate, je transfère la famille présidentielle dans un autre blindé dont je prends le commandement. Quelques moments plus tard, j'ai un nouveau choc, je vois un de mes subordonnés hissé au-dessus du mur d'enceinte : le lieutenant Augustin Managure, chef du 1er peloton. Il me crie :

— Lieutenant Rugigana, bambwiye yuko wosohoka, ukaza umanitse amaboko, n'abasoda bose, inkoho mukazisigaa terre, mukaza ku murongo, mukidijira vers l'entrée Méridien. Ivyo ni exécution dans 5 minutes. Sinon palais baca bayigira umunyota et vous dedans ![3]

Pas question d'obtempérer évidemment, je sens qu'il bluffe, mais pas de temps à perdre. Je lui demande d'abord comment il est possible que lui, mon chef de peloton, soit avec les mutins. Il me dit qu'il a été capturé, qu'il doit leur obéir. Je menace aussitôt :

— Si vous faites mine d'avancer, je vous pulvérise !

---

[3] Lieutenant Rugigana, je suis porteur d'un message qui t'ordonne de sortir les mains en l'air, toi et tes hommes, de laisser vos armes à terre, de venir en ordre, de vous diriger vers l'entrée de l'hôtel Méridien. Exécution en 5 minutes. Sinon, on réduit le palais en cendres et vous dedans !

Une vue du palais présidentiel réduit en ruine par les tirs d'artillerie la nuit du 21 octobre. (Photo collection privée)

Tout ce que je veux, c'est gagner un peu de temps. Je sais qu'ils préparent l'assaut final. J'échange avec le président, on est d'accord pour quitter le palais, le plus vite possible, mais pour aller où ? Il me propose trois destinations : le Rwanda, l'ambassade de France et le camp Muha où est basée sa garde présidentielle. J'écarte les deux premières. Le Rwanda, c'est trop loin et les deux routes qui y mènent sont certainement bloquées, aux niveaux Chanic et Gare du nord. Nous avons reçu des tirs d'armes lourdes en provenance de ces endroits. L'ambassade de France, inutile d'y penser, on ne sait même pas si quelqu'un s'y trouve, on n'a aucun contact, et puis le temps d'y arriver, de négocier, de se faire ouvrir les portes, on aura été tués cent fois.

Reste le camp Muha. Le camp de l'USI. Cette solution est la moins mauvaise, en espérant que là-bas la garde présidentielle fera son office. Le président y croit, il me dit :

— Fais tout ce que tu peux ! Il faut rejoindre la garde. Si on y arrive, on sera sauvés.

J'y crois moi aussi. Je suis galvanisé. Je décide de sortir coûte que coûte. J'opte pour la porte sud, côté 1er novembre. J'ai un itinéraire en tête : remonter le boulevard à gauche, prendre à droite la route de Rumonge, aller tout droit jusqu'au pont Bunanka tourner à gauche jusqu'à la RN7 puis prendre à droite et arriver enfin au camp Muha. Il est environ 6 heures, le soleil se lève. Mon blindé démarre en trombe mais il est immédiatement stoppé à hauteur du bâtiment Old East.

Je suis bloqué par un AML90. Les mutins m'intiment l'ordre de retourner au palais avec mon blindé puis de revenir à pied, sans arme et les mains en l'air. Je comprends qu'ils ne m'ont pas reconnu. Ils m'appellent caporal, sans doute parce que je porte le casque et les lunettes d'un chef de blindé. Pas question de faire demi-tour, j'agis instinctivement, je dis à mon chauffeur d'amorcer un mouvement comme pour repartir en arrière, puis d'accélérer brutalement et de filer vers la gauche cette fois, non plus vers Rumonge mais en sens inverse, vers le rond-point Novotel et l'avenue Patrice Lumumba. La situation est de plus en plus difficile, je suis à nouveau bloqué, dès le premier carrefour. Là ce sont deux blindés qui me barrent la route. Impossible de continuer. J'entends les mêmes ordres : retourne au palais, laisse ton blindé, reviens à pied, les mains en l'air.

Que faire d'autre que rebrousser chemin ? Je n'ai pas le choix. Je redescends vers le palais, je fais mine de céder mais je bifurque aussitôt à droite, je prends cette fois la route du Stade où donne l'entrée nord du palais, celle qui est assiégée depuis des heures. Là se trouvent deux AML90, je ralentis, je repère l'officier qui semble commander les putschistes : le lieutenant Kamana. Lui me reconnaît, je suis enfin identifié. Il m'interpelle par mon nom :

— Lieutenant Rugigana, stop, descends immédiatement ! Pourquoi tu n'exécutes pas les ordres ? Descends, haut les mains !

J'essaie de jouer au plus fin, je lui demande ce qu'il me veut, pourquoi il me menace, je le sens hésiter. Il baisse la garde, j'en profite pour ordonner à mon chauffeur de redémarrer à fond, en direction de Kumugumya. Le temps qu'il réalise la manœuvre, je suis déjà loin, 100 mètres, la tourelle de son blindé pivote, il tire un obus qui va se ficher dans le mur de Kumugumya. Manqué !

C'est une nouvelle course-poursuite qui est engagée. Mais cette fois avec le président à bord et cela, je crois qu'ils l'ignorent. Le blindé de Kamana m'a pris en chasse. Je file à droite vers l'hôpital Prince-Régent Charles. Je tourne la tourelle de mon blindé à 180°, je tire une rafale avec la mitrailleuse. Il ralentit et je le sème à hauteur de Bwiza.

Les putschistes tiennent le bas de la ville, je dois donc les contourner, c'est notre dernière chance : d'abord l'avenue de l'université, puis l'avenue de l'indépendance, l'avenue de la JRR, le boulevard du 28 novembre, le rond-point du Soldat inconnu, la route de Musaga, le pont Muha et enfin le camp Muha. Nous roulons sans encombre jusqu'au Mami (Magasin militaire), sur le 28 novembre. Là nous sommes interceptés par le major Célestin Ndayisaba à bord de sa jeep qui nous fait signe d'arrêter. Je stoppe, il m'interpelle :

— Comment ça va ?

— Ça va mon Major.

— Alors tout est ok. Tu fuis seul avec ton équipage ?

— Oui mon Major.

— Donc Ndadaye, c'est fini, il est mort ?

— Je pense mon Major. Moi je rejoins le camp Muha.

— Va ! Tu es un homme.

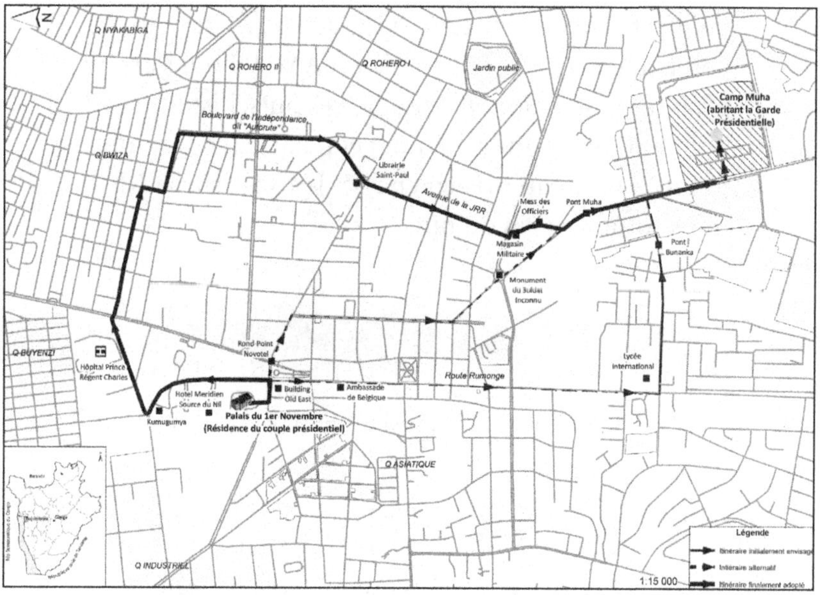

Itinéraire du blindé depuis le palais présidentiel vers le camp Muha.

Il a l'air très satisfait que le président soit mort. S'il me félicite, c'est qu'il est convaincu que j'ai dit la vérité et que le président a été tué. Moi je comprends qu'il est dans le coup. Mais tout va si vite… J'ai à peine démarré que j'aperçois un AML90 qui s'arrête à hauteur du major Ndayisaba. Les putschistes à bord pointent mon blindé du doigt et repartent en trombe. Je suis à nouveau pris en chasse. Je fonce sur la RN7, nous sommes près du but.

OBJECTIF ATTEINT : NDADAYE AU CAMP MUHA

En vue du camp Muha, le blindé qui nous poursuivait s'arrête et repart. Nous forçons la barrière, le plus dur est fait. Je suis soulagé, je nous crois en lieu sûr. Je gare le BRDM2 entre deux blocs, où aucun tir extérieur ne peut nous atteindre. J'organise la garde du véhicule et de ses passagers, je choisis des militaires de la sécurité rapprochée du président, surtout des Hutu, je leur dis que Melchior Ndadaye est à bord avec sa famille, ils exécutent mes ordres avec empressement.

Je me dirige vers le bureau du major Nibizi pour lui faire rapport, accompagné de mon agent de transmission. Je constate en passant que tous les hommes de l'USI sont là, l'arme au pied, prêts à sortir et je me demande pourquoi ils ne sont pas intervenus au palais. Bizarre, mais dès que j'entre chez le commandant je commence à comprendre : le major n'est plus seul, plusieurs hauts gradés occupent son bureau, les plus importants sont installés dans les fauteuils. Il y a là le lieutenant-colonel Bikomagu, chef d'état-major général, le lieutenant-colonel Gakoryo, secrétaire d'Etat à la sécurité, le lieutenant-colonel Ntunzwenayo alias Mivuba, attaché à la documentation, le major Nkunzimana alias Cadre, commandant de la base aérienne de Bujumbura. Il y a aussi étrangement le major Nkurunziza que j'ai bien connu à Gitega puisqu'il y commandait le 22e bataillon blindé où j'étais affecté auparavant ; il n'a pas de hautes fonctions, mais semble avoir beaucoup d'ascendant sur les autres.

Je me présente au chef d'état-major, Jean Bikomagu. Je le salue comme le veut le règlement :

— Lieutenant Rugigana, matricule S-0797, je viens de livrer bataille au palais, bilan côté ami aucune perte, ni mort ni blessé, côté ennemi un blindé touché, sans doute des pertes, côté ami j'ai sauvé le président, je l'ai recueilli avec toute sa famille, je les ai amenés ici, sains et saufs…

Là, je suis violemment interrompu, c'est comme une déflagration ! Les officiers bondissent comme un seul homme, le major Nkurunziza me crache au visage, les autres me couvrent d'injures. Je suis sidéré, anéanti. Je m'attendais à des félicitations, je suis trainé dans la boue, agressé, menacé même.

Quelle naïveté ! Je croyais être un héros, je suis devenu un traître. Un ennemi. Je suis pris de panique, je me demande où fuir, et comment. Mais impossible, aucune issue. Le chef d'état-major est en rage, il hurle :

— Où est ton blindé, salaud ? Où sont-ils ?

J'ai du mal à maîtriser mes tremblements. J'indique l'endroit, à une centaine de mètres, il m'oblige à les conduire jusque-là, lui et les autres officiers. Il m'ordonne de faire sortir le président et les autres passagers du véhicule. Je transmets l'ordre à l'adjudant Ndayisenga, mon sous-officier de compagnie.

HUMILIATIONS ET CONTRORDRES

Il est 7 h 30. Un à un, dans un silence de mort, ils sortent du blindé par la tourelle, le président en premier. Un enfant va aux toilettes, les autres sont emmenés par les hauts gradés dans une petite salle à côté de la cantine. La tension est à son comble. Nous attendons les bras ballants, officiers et hommes de troupe. On devine que le président et les hauts gradés parlent, négocient peut-être, mais quoi ? Cela ne dure pas longtemps, pas plus d'un quart d'heure. Quand ils sortent, ils reviennent aussitôt vers nous. Le chef d'état-major m'ordonne brutalement de rouvrir mon blindé et d'y remettre le président et sa famille.

Que se passe-t-il ? Que veulent-ils ? Qu'ont-ils convenu ? Je suis perdu, je suis à nouveau agressé, insulté, traité comme un chien. Le colonel Bikomagu et le major Nkurunziza m'humilient devant tout le monde :

— Pourquoi tu as amené le président ici ?

— Qui t'a donné l'ordre ?

Là, mon sang ne fait qu'un tour, je réagis, je réponds haut et fort :

— Pourquoi vous m'attaquez ? Pourquoi vous ne me félicitez pas ? Je n'ai fait que mon devoir.

Je n'ai plus peur, je suis hors de moi, je continue :

— Pourquoi m'a-t-on coupé les communications ? Qui a décidé ? Le Haut-Commandement ? Pourquoi on ne m'a pas envoyé des renforts ? Pourquoi nous a-t-on bombardés ? Pourquoi a-t-on saccagé le palais alors que le président s'y trouvait ? Moi je l'ai sorti de là, je l'ai amené jusqu'ici, avec son accord, jusqu'à sa garde présidentielle ! Pour le sauver !

C'était plus fort que moi. J'ai dit ce que j'avais sur le cœur, ça m'est sorti des tripes. Je crains le pire maintenant, ils me regardent avec haine, je pense qu'ils vont me tuer. Mais on est en pleine confusion, qui est ami, qui est ennemi ? Qu'est-ce qui se trame ? Qu'ont-ils dit au président, que leur a-t-il dit ? Je suis pris entre les ordres et les contrordres.

LES MASQUES TOMBENT

Le major Nibizi, commandant de bataillon en charge de la sécurité présidentielle, m'ordonne de sécuriser le camp avec mes blindés. Je m'exécute, c'est fait en quelques minutes. Le major Nkurunziza qui est sorti entretemps revient en annonçant que l'artillerie basée à Mwaro descend sur Bujumbura pour renforcer les putschistes. Du coup, nouveau contrordre : le chef d'état-major m'ordonne de rappeler tous mes hommes et de remiser les blindés au garage. Je lève le dispositif de sécurité du camp. Il est passé 8 h.

Le camp Muha est devenu une proie facile. Des camions chargés de paras sont à nos portes ainsi que des blindés du 11e bataillon. Deux camions de bérets rouges, deux AML90 et une jeep sont autorisés à pénétrer dans le camp par le major Nkurunziza et le colonel Bikomagu. Ils encerclent aussitôt mon BRDM2 où se trouvent le président et sa famille.

Pour moi, maintenant, c'est clair, le putsch est mené au plus haut niveau. Bikomagu et surtout Nkurunziza sont au commandement. C'est difficile à comprendre, mais c'est comme ça : le major Alfred Nkurunziza dirige la manœuvre au vu et au su de tous. Or il n'est pas le plus haut gradé et n'a pas de hautes responsabilités. Je n'en reviens pas. D'où tient-il ce pouvoir ? Il doit être sûr de son coup, sûr de ses arrières…

La situation est explosive : face-à-face, les militaires de la garde rapprochée et les putschistes armés jusqu'aux dents. Les premiers un peu perdus, les seconds très menaçants. Autour d'eux des hommes qui restent les bras ballants, dans l'expectative. Combien sont-ils ? Une vingtaine pour la garde rapprochée, plus les hommes de mon blindé, le double environ pour les putschistes venus de l'extérieur et enfin les dizaines de militaires du camp Muha, normalement affecté à la protection présidentielle, qui observent et qui attendent…

Le chef d'état-major m'ordonne à nouveau de sortir le président, son épouse et les enfants du blindé. Cette fois-ci, ils sont séparés. Président d'un côté, femme et enfants de l'autre, embarqués dans la jeep du chef d'état-major et évacués vers une destination inconnue. Le président est maintenant seul, face aux soldats putschistes.

NGUYO PREZIDA NDADAYE !

Ils l'insultent, ils le frappent, ils le narguent en lui demandant son grade, lui qui est habillé en militaire. C'est terrible. Une humiliation publique sous les yeux impassibles des officiers du Haut-Commandement. Ils laissent faire, puis le chef d'état-major leur impose le silence, toujours flanqué du major Nkurunziza. Impossible de ne pas constater une nouvelle fois qu'ils commandent les putschistes. Pendant leur bref conciliabule avec le président près de la cantine, sans doute leur a-t-il demandé de pouvoir s'adresser aux soldats. C'est maintenant. Juché sur mon blindé, Melchior Ndadaye leur parle en kirundi :

— *Basirikare, duhejeje kuvugana n'ababatwara. Ndabasavye nshimitse : ntimukore amaraso. Ntimunyice.*

Nimunsabe ivyomushaka vyose. Ndabibaha. Ariko ntimukore amaraso. Nimwibaze imiryango yanyu iri mu ntara zose z'igihugu. Nimwibaze abavyeyi banyu. Nimwibaze abapfasoni banyu. Nimwibaze abana banyu. Ndasubiye kubasaba, ntimusese amaraso[4].

Mais qui a écouté le président ? Il n'a pas cessé d'être interrompu par les huées. A la fin de son appel, les cris et les menaces fusent de plus belle. Les putschistes le frappent à coups de bâtons. Le chef d'état-major ramène un peu de calme en disant aux soldats déchaînés :

— *Basirikare, nguyo prezida Ndadaye. Nimumujane, mumusabe ivyo mushaka vyose, ariko ntimumwice*[5].

Alors, ils s'emparent du président, le brutalisent à nouveau, sous l'œil impassible du colonel Bikomagu. Ils le jettent dans leur jeep et partent avec lui. Il est environ 9 h. Je ne le verrai plus.

---

[4] Messieurs les militaires, je viens de parler avec vos chefs. Je vous le demande avec insistance : ne versez pas de sang. Ne me tuez pas. Demandez-moi tout ce que vous désirez, je vous le donnerai, mais ne versez pas de sang. Pensez à vos familles dans tous les coins du pays. Pensez à vos parents. Pensez à vos femmes. Pensez à vos enfants. Je répète : ne me tuez pas, ne versez pas de sang.

[5] Messieurs les militaires, voici le président Ndadaye. Prenez-le, demandez-lui tout ce que vous voulez, mais ne le tuez pas.

Mais pour moi, tout n'est pas fini. Un camion para est encore là. Deux putschistes me cherchent, c'est mon agent de transmission, le caporal Nzoyisaba, qui me prévient :

— Ils disent ton nom, ils cherchent après toi, ils veulent t'emmener, ils disent qu'ils vont te ligoter à un pneu et te brûler !

Je lui dois la vie. Il me débarrasse de mon béret et de mon ceinturon d'officier, chargé d'un pistolet, il les dissimule, on attend un peu puis il m'entraine discrètement vers un petit studio dans un des bâtiments du camp. Je reste là quelques minutes, porte fermée à double tour, lui fait le guet dehors, devant la fenêtre. Le temps de récupérer mon béret, mon ceinturon et mon pistolet, je sors et me dirige vers le bureau du major Nibizi, qui vient de quitter le camp en compagnie du chef d'état-major.

Tous les officiers du camp Muha sont regroupés sur le perron devant le bureau. Je me joins à eux, on est tous sous le choc. Personne ne regarde personne, tout le monde se méfie de tout le monde. On parle un peu, de n'importe quoi sauf de ce qui vient de se passer.

Le plus ancien d'entre nous est le commandant Pontien Gaciyubwenge, second du major Nibizi. A lui aussi je dois la vie. Des putschistes reviennent, commandés par le sous-lieutenant Bigirimana, alias « Poids lourd », cette fois ils me repèrent, ils veulent à nouveau m'emmener pour me livrer au 1er bataillon para.

— On veut ce salaud de Rugigana, on va lui régler son compte.

Je charge mon arme et je dis aux autres officiers :

— Si je dois partir, on partira tous ensemble. Je n'irai pas seul, et si je dois mourir, ce sera les armes à la main, je vais me battre.

Le bruit du chargeur éclate dans le silence. Le commandant Gaciyubwenge intervient, il dit à « Poids lourd » :

— Fais demi-tour et va dire à celui qui t'a envoyé qu'aucun officier ne peut être enlevé comme ça du camp Muha. Qu'il vienne lui-même le chercher !

Les putschistes sont furieux mais finissent par repartir. Sans moi. Je suis sauvé.

Les heures qui suivent sont terribles. Nous ne savons rien du sort du président Ndadaye, mais nous n'avons aucun doute. Tout se passe comme s'il avait disparu, définitivement. Après une demi-heure environ, le major Nibizi revient, il nous ordonne de nous rendre au mess des officiers pour y recevoir les instructions du haut-commandement.

Tous les officiers de la garnison de Bujumbura sont au mess, mais celui que je remarque en premier n'est pas un militaire, c'est un civil : François Ngeze, ex-ministre de l'Intérieur sous Buyoya, un des rares Hutu de l'Uprona. Il arrive comme un chef d'Etat, avec les égards protocolaires dus à un président de la République, le tout orchestré par le major Célestin Ndayisaba, alias Kibadashi.

Pourquoi François Ngeze est-il là ? Tout le monde le regarde, mais il ne dit rien. C'est le colonel Pascal Simbanduku qui prend la parole :

— Messieurs les officiers, voici pourquoi vous êtes convoqués. Une mutinerie a eu lieu cette nuit. Des soldats se sont emparés de Melchior Ndadaye et l'ont tué. Ils ont tué d'autres dignitaires. L'heure est grave. Je vous ordonne de regagner vos postes de commandement, nous allons reprendre le contrôle de la situation. Chacun à son poste !

Pour moi, c'est simple : retour au camp Muha. Là, plus rien ne bouge, on est consigné. On doit faire comme si tout était normal, comme si le président n'était pas mort, comme si le régime n'était pas décapité. Comme s'il n'y avait pas eu un putsch finalement. Un putsch ? Quel putsch ? Tout doit sembler normal, même si rien ne l'est. Je me sens terriblement seul, encore sous le choc de ce que j'ai vu et subi.

Je suis dans ma carrée habituelle, 12 m^2, une table, un lit. Je n'ai rien à faire jusqu'au soir. Je suis sans vêtements de rechange, sans trousse de toilette. Le lendemain, vendredi, nous sommes quelques-uns à demander de pouvoir rentrer chez nous, ne serait-ce que pour nous changer. Accordé. Je sors au volant d'une Toyota banale, en compagnie du capitaine Cishahayo, du lieutenant Managure et du caporal Nzoyisaba. Managure, oui, lui-même, mon chef de peloton, l'homme qui m'a trahi, qui n'a pas exécuté mes ordres la nuit du putsch. Mais quel putsch au fait ? Le major Nibizi fait comme si de rien n'était, et nous aussi. Motus et bouche cousue. Notre silence est d'acier.

On est arrêté très vite, à Musaga, par deux parachutistes l'air éméché, mitraillette au poing. Le premier nous braque :

— Qui êtes-vous ?

— Nous sommes des militaires du camp Muha.

— Est-ce que Rugigana est parmi vous ?

— Non.

— Vos noms ?

— Moi, c'est Nahimana.

Les autres donnent aussi des faux noms. Je lui demande ce que je dois faire, il me répond :

— Tu avances ? Je te tue. Tu recules ? Je te tue…

Le second s'interpose :

— Faites demi-tour, retournez d'où vous venez !

Nous retournons au camp Muha.

Je fais rapport au major Nibizi, il fait comme si je n'avais rien dit, il me donne une escorte et je repars chez moi, sans encombre cette fois. Je fais d'abord un détour par la clinique, la chambre de ma mère est vide ! C'est un choc, j'ai un mauvais pressentiment, mais je dois filer à Ngagara. Là, j'ai juste le temps de me changer et de dire quelques mots à ma femme. Je la trouve affolée, elle vient d'apprendre que le lycée de Kibimba a été attaqué, elle est sans nouvelles de sa sœur, de son frère et d'une petite cousine, élèves dans ce lycée. Je ne sais comment la rassurer[6] ; je dois très vite repartir au camp Muha. Mais je reste sous le choc de la disparition de ma mère ; je décide encore de passer chez ma tante à Kinindo. Bonne intuition : ma mère, sa sœur, est là. Elle va très mal, elle parle difficilement, elle me murmure : « *Uranderera Abana*[7] ». Je suis son fils aîné, elle me demande de prendre soin de mes frères et sœurs. Je le lui promets, puis je rentre au camp, où nous sommes toujours consignés.

Les nouvelles vont vite dans le camp, même si personne n'en parle pas à voix haute. On massacre un peu partout dans le pays, comme le président Ndadaye

[6] Tous trois feront finalement partie des rescapés de cette terrible attaque.
[7] Veille sur mes enfants.

l'avait prédit jeudi matin, avant d'être assassiné. C'est l'angoisse générale, nous craignons tous pour nos familles, sur les collines. Certains d'entre nous sont déjà endeuillés.

Le major Nibizi m'ordonne maintenant de sécuriser le siège de l'état-major général avec trois blindés, dans le centre-ville. Ce vendredi et tout le week-end. Là je suis témoin de nombreuses allées et venues. Je vois le lieutenant Kamana sortir du siège de l'état-major, accompagné du major Ndayisaba. Kamana ! Avec qui nous avons échangé des tirs dans la nuit du putsch ! Non seulement il est toujours libre, mais il fréquente l'état-major... Je le vois repartir dans une camionnette de l'Onatel. Je vois le colonel Simbanduku, celui qui nous a parlé hier au mess des officiers. Je vois le colonel Ningaba, alias Siningi, qui a été sorti de prison par les putschistes. Je vois le major Nkurunziza, si actif dans la nuit du putsch. Il n'arrête pas d'aller et venir. Où va-t-il, qui voit-il, que fait-il ? En somme, pourquoi est-il là ? Je vois monseigneur Bududira, président de la conférence des évêques du Burundi, je vois Kadege et d'autres dirigeants de l'Uprona. Je me dis que c'est ici que ça se joue, dans le bureau du chef d'état-major. Ça doit négocier ferme entre les trois colonels : Bikomagu, Siningi et Simbanduku.

Le lundi, le major Nibizi m'envoie à Kiriri pour assurer la protection de la première-ministre. Elle habite dans une villa appartenant à la Socabu. Je la sécurise avec deux blindés, aux deux bouts de la rue. C'est elle, paraît-il, qui a demandé cette protection et qui a cité mon nom. Pourquoi moi ? En fait, nous sommes parents, elle est cousine de ma mère, mais nous nous sommes très peu vus jusqu'ici, et de loin. A-t-elle appris ce qui s'est passé dans la nuit du 20 au 21 octobre ? Craint-elle pour sa vie ? Veut-elle me protéger ? Les deux peut-être…

Elle a beaucoup d'ennemis maintenant. Moi aussi, pour avoir désorganisé le putsch. Elle, pour avoir condamné les putschistes. On se croise, on ne se parle pas, je fais mon travail, et elle le sien. Elle est toujours première-ministre, son gouvernement est amputé, dispersé, les ministres Frodebu sont réfugiés au Club du Lac, c'est donc elle qui doit se déplacer pour présider le conseil des ministres.

Je la conduis personnellement à l'hôtel Club des Vacances, à l'extérieur de la ville. Là je découvre un camp retranché, sous la garde de la GEDEBU (Génération démocratique du Burundi), commandée par Jean-Bosco Ndayikengurukiye. L'armée est autour, l'arme au pied, défense d'entrer ! Quand il y a conseil, les rares ministres tutsi restés en ville se joignent à notre cortège.

Au cours de cette dernière semaine d'octobre, nouvelle alerte au coup d'Etat, toujours en provenance du camp para. Le major Nibizi m'avertit que des parachutistes et des blindés sont en route vers la résidence de la première ministre. Ni une ni deux, je dis à Sylvie Kinigi de rassembler quelques affaires et je l'emmène non loin de là, toujours à Kiriri, chez une étrangère, une blanche intouchable, dans une propriété inviolable. Même chose pour les enfants que je fais mettre en sécurité ailleurs. Bref la résidence est vide et l'attaque n'aura pas lieu. Renseignés par des mouchards, les parachutistes font demi-tour, ils rentrent dans leur camp, comme si de rien n'était, encore une fois…

LES FAUX-SEMBLANTS

Les jours se suivent et commencent à se ressembler dans un pays livré aux tueurs, sans président et sans véritable gouvernement. Celui qui se réunit au Club du lac ne contrôle plus rien, le parlement est hors circuit. Tout se trame en coulisses, sans que l'on sache qui fait quoi exactement, ni même si quelqu'un décide vraiment de quoi que ce soit. A ma place minuscule, je participe à cette mise en scène d'un pouvoir qui n'en est plus un. Je sécurise la première-ministre, mais elle ne maîtrise plus rien. Elle incarne un pouvoir disparu, comme j'incarne, à ma petite échelle, une armée aux abois.

Les jours se suivent. Je suis toujours consigné, principalement affecté à la garde de la première-ministre. Je passe chez moi de temps en temps, en coup de vent. C'est ainsi que j'ai pu dire à ma femme que sa sœur, sa cousine et son frère étaient sains et saufs. Dieu merci. Mais je ne m'attarde pas, je ne loge pas à la maison pendant des mois. Je passe la plupart de mes nuits au poste de garde de la résidence de la première-ministre. En somme je continue à faire mon travail d'officier de l'USI, attaché à la protection des institutions… Sauf que les institutions ne sont plus que des apparences. Le pouvoir est ailleurs, ou nulle part, je n'en sais trop rien. Nous faisons tous comme si.

Officiers, sous-officiers, soldats, chacun a retrouvé sa place. J'ai repris mon commandement, même si je sais que mes trois chefs de peloton n'ont pas exécuté mes ordres dans la nuit du 20 au 21 octobre. On fait semblant de rien, mais on n'en pense pas moins. C'est la routine, en apparence. Je m'occupe de mes blindés, ils sont disposés à différents points stratégiques : la radio, l'aéroport, le Club du lac, l'état-major, le camp Muha bien sûr. J'assure comme on dit, j'ai l'air impassible, mais ce n'est qu'un air. Je suis constamment sur le qui-vive. Je sais que rien ne sera plus jamais comme avant.

LE PAYS DU SANG ET DU DEUIL

Nous sommes le 31 octobre. Demain c'est la Toussaint, puis la « fête des morts ». Terrible. Je ne peux pas m'empêcher de penser que le sang de Ndadaye retombe sur nous tous. Le coup d'Etat continue, il ne s'est pas arrêté le 21 octobre, personne ne sait si la paix reviendra un jour.

Outre la protection de la première-ministre, je remplis parfois d'autres missions. Quand l'envoyé spécial de l'ONU, Ahmed Ould Abdallah, débarque au Burundi, je suis chargé d'appuyer son dispositif de sécurité avec un ou deux blindés, selon les circonstances. C'est l'USI qui s'occupe de le sécuriser. Il se déplace très peu, il reçoit beaucoup, des militaires de haut rang et des politiques de tous bords. Il les voit au Novotel ou au Source du Nil. En fait Ould Abdallah est pratiquement la seule personnalité étrangère importante au Burundi pendant cette période. Il est l'envoyé spécial du secrétaire général Boutros-Ghali, on se demande ce qu'il peut bien faire ici : la peur et la violence sont partout. En ce mois de novembre au Burundi on meurt comme on respire.

Le bruit court dans l'armée qu'Ould Abdallah demande qu'on lui donne un nom, le nom d'un haut-gradé, responsable du putsch. Peu importe qui, mais pas un lampiste, pas un caporal quelconque, au moins un major ou un colonel. Impossible, dit-il, de faire croire au monde que cet assassinat d'un président, et que ces assassinats de hauts responsables de l'Etat soient le fait de quelques subalternes. Impossible d'ouvrir une négociation pour éviter la guerre sans ce préalable, sans ce nom… Il paraît que Bikomagu a cité Nibizi ! Comment savoir ? Rien n'est impossible après ce que nous avons vécu.

La seule chose que je sais, c'est que ma vie ne m'appartient plus depuis le 21 octobre. Mon sort a basculé cette nuit-là. Je marche sur un fil qui peut casser à tout moment. Je veux fuir, partir loin, j'ai trop d'ennemis. Mais comment faire ? J'en parle à Sylvie Kinigi, non pas comme à une première ministre mais comme à une parente. Elle me rassure :

— Ne t'en fais pas, tu ne risques rien.

Si elle m'a demandé pour gérer sa sécurité, c'est pour me protéger, m'assure-t-elle. Elle me laisse entendre qu'elle a « des relations ». Si l'attaque de sa résidence n'a pas eu lieu finalement, c'est parce qu'elle les a fait jouer. Au plus haut niveau. Tout cela est obscur, mais je n'ai pas d'autre choix que de la croire et de lui faire confiance.

COMPTES DE NOËL

Les jours passent ainsi jusqu'en décembre, dans l'angoisse, l'incertitude et la résignation. Je continue à faire mon travail, à placer mes blindés aux endroits stratégiques, à appuyer le dispositif de sécurité d'Ould Abdallah et à assurer la protection de la première ministre.

Le 25 décembre, jour de Noël, j'ai la preuve que Sylvie Kinigi me veut du bien. Je la croise rarement, je ne lui parle presque jamais, mais elle m'invite avec mon épouse à la réception qu'elle donne chez elle ce jour-là. C'est la première fois. Nous n'évoluons pas dans le même monde, sauf depuis deux mois, par le fait des circonstances, ou du destin… Elle nous invite ce 25 décembre après-midi parce que je suis son officier de sécurité et son neveu, mais il y a sans doute autre chose. Ou plutôt il y a quelqu'un…

En fait, nous sommes en très petit comité. Le frère de Sylvie Kinigi est là, Dismas Ndorere, haut fonctionnaire au ministère des Finances, ainsi que son épouse Berthe, haut cadre à la BRB[8]. Ses deux beaux-frères sont là, Daniel et Juvent et leurs épouses. Et puis deux amies de très longue date, du lycée et de l'université, Christine et Sophie. Christine est accompagnée de son mari, le colonel Jean-Baptiste Mbonyingingo, et Sophie de son mari, le major Pierre Buyoya ! Les trois amies sont restées très proches, leurs années universitaires de cohabitation chez Sylvie ont scellé leur connivence. C'est à cette époque que le jeune Buyoya a fréquenté et courtisé Sophie.

Je savais qu'il serait là, elle m'a prévenu ce matin pour que je renforce la sécurité. Mais maintenant il est en face de moi et je ne sais trop quelle contenance je dois prendre. Nous ne sommes que onze, les présentations sont brèves. C'est lui qui m'aborde :

— Tu as commis une erreur de jeunesse. Tu n'aurais pas dû l'amener là-bas.

Je suis sidéré. Je comprends de qui et de quoi il parle, mais que dire ? Que répondre ? Qui suis-je pour lui répondre, moi le petit lieutenant et lui l'ancien président, l'homme qui fut tout-puissant et l'est peut-être encore ? J'ai ces quelques mots :

[8] Banque de la République du Burundi.

— Pourquoi ? Où peut-on amener un président de la république, sinon jusqu'à sa garde présidentielle ?

— Tu ne pouvais pas faire autrement.

C'est la réputation de Buyoya : ses phrases sont toujours brèves et énigmatiques. Qu'aurais-je dû faire exactement ? Il ne le dit pas. Je m'enhardis :

— Excellence, Monsieur le Président, mais pourquoi le président Ndadaye était-il au palais ? Je croyais qu'on l'avait mis à l'abri, qu'il était ailleurs, hors de danger.

— Ah ! ça c'est autre chose… C'est très grave.

Comment décrypter ses mots ? Je ne dis rien, il ajoute encore :

— Tu as eu de la chance de t'en sortir, tu es vivant…

Là je comprends une fois de plus que je devais mourir au palais, sous les bombes. Dégât collatéral, point final. Mais alors ? Que savait cet homme, Pierre Buyoya, dans la nuit du putsch ? Que faisait-il, que pensait-il ? Et que veut-il dire maintenant à propos de ma chance ? Que si je suis en vie, c'est à lui finalement que je le dois ? Et au fait que je suis le neveu de Sylvie Kinigi ? C'est ce que je comprends aussi.

Il y a deux mois, j'ai livré malgré moi Melchior Ndadaye à ses bourreaux et j'ai failli mourir brûlé vif, un pneu autour du cou. Pendant deux mois, j'ai survécu. Aujourd'hui, en ce jour de Noël 1993, à l'âge de 31 ans, je me dis que mon existence n'est peut-être pas finie.

Je m'accroche à ce mot : chance. Comme un naufragé à une épave.

VOS QUESTIONS, MES RÉPONSES

Pourquoi le major Nibizi ne vous a pas dit que le président Ndadaye était au palais ?

C'est incompréhensible, sauf s'il a obéi à des ordres. Tout démontre qu'il n'a été qu'un maillon dans la chaîne de commandement. On l'a utilisé, puis neutralisé, puis réutilisé… Vous savez, Nibizi n'était pas dans ce que j'appelle « le système »[9], il n'était pas originaire du Bururi. Mais il commandait l'USI, il était chargé de la sécurité des institutions et donc de la protection du président. Alerté par les rumeurs de coup d'Etat, il aurait dû mettre le président à l'abri, en sécurité quelque part. S'il ne l'a pas fait, c'est qu'il en a reçu l'ordre. Et lui-même a donné l'ordre à Mushwabure. Il a fait ce qu'on lui a dit de faire.

Alors pourquoi m'a-t-il envoyé au palais ? Pour la forme, parce que c'était logique, mais à partir de là on

[9] Par « Système », Joseph Rugigana entend l'organisation d'un pouvoir fermé, politico-militaire, essentiellement basé sur l'appartenance ethnique, régionale et même ultra-régionale (3 communes du Bururi). Voir plus loin.

peut dire qu'il est resté passif. Il a bien compris que mes 3 chefs de peloton n'obéiraient pas à nos ordres de garder les 3 ponts stratégiques, mais il n'a rien dit, il m'a laissé partir avec mon blindé en pensant que j'échouerais, en sachant très bien que je n'aurais pas de renforts.

C'était mission impossible, et je ne savais pas le plus important : la présence au palais du président. C'est d'ailleurs pour ça que j'ai été sidéré quand je l'ai vu sortir des ruines, et c'est pour ça que j'ai crié sur Mushwabure, que je l'ai traité de malade ! Je n'ai pas compris, je ne comprends toujours pas… Sauf si Mushwabure était dans le coup finalement…

Enfin, je vous rappelle ce que j'ai constaté en revenant au camp Muha avec le président dans mon blindé : quand je suis entré dans le bureau du commandant, j'ai compris que le major Nibizi n'était plus qu'un figurant. Les vrais chefs, c'étaient les hauts-gradés installés dans les fauteuils. Nibizi était derrière son bureau, silencieux et ignoré par les autres. En fait il était leur prisonnier, il ne pouvait plus bouger tant que le putsch n'était pas consommé.

Et vos trois chefs de peloton, ils étaient dans le coup ?

Ça saute aux yeux ! Ils ont au moins été mis au courant que quelque-chose se tramait et qu'ils ne devaient pas s'y opposer, qu'ils devaient se croiser les bras, laisser faire le putsch, s'effacer devant ceux qui étaient à la manœuvre, le 11e blindé et le 1er para. Ce que mes chefs de peloton ont fait est très grave, c'était un refus d'ordre, en temps de guerre cela vaut le peloton d'exécution. S'ils ont osé désobéir, c'est qu'ils étaient couverts, c'est qu'ils avaient d'autres garanties, « au-dessus » comme on dit chez nous, au-dessus de Nibizi. Ils n'étaient pas les seuls, bien des sous-officiers étaient plus ou moins dans le coup. Là, c'est moi qui étais sacrifié. Au fond, moi j'étais seul, avec mon équipage !

Sauf que vous avez tout désorganisé finalement ! J'ai l'impression que personne chez les putschistes n'avait prévu que vous alliez résister et sortir le président du palais ?

Oui, je devais servir d'alibi pour l'état-major, mais j'étais censé ne rien faire, arriver trop tard ou ne pas arriver… Ou mourir sur place s'il le fallait. On pourrait dire après coup que l'USI avait fait le nécessaire, avait envoyé un officier tutsi pour défendre le président et qu'il était mort en héros, que sais-je, mais je ne suis pas mort, j'ai réussi à joindre le palais et à contenir l'assaut !

J'ai attendu en vain des renforts, j'ai assez vite réalisé que l'affaire ne tournait pas comme ils l'avaient prévu. D'abord quand on m'a coupé la fréquence radio, c'est la pire des choses qu'un état-major peut faire à son officier en mission. Ils m'ont abandonné, ils m'ont laissé tomber. Puis quand mon blindé a été arrêté au MAMI[10] par le major Ndayisaba et qu'il m'a lancé : « Ndadaye est fini ? Uri umugabo[11] ! » ? Et puis évidemment quand j'ai été insulté en arrivant au camp Muha, qu'on m'a craché dessus, qu'on m'a traité comme un traître. Ce qui était le comble, non ?

En fait ils voulaient régler l'affaire en un quart d'heure. Un assaut éclair contre le palais, le président qui mourait dans les décombres. Un assassinat qu'on pourrait mettre sur le compte de quelques caporaux égarés[12]. Comme les autres assassinats de la nuit, d'autres dirigeants du Frodebu. Tout devait être expédié en quelques minutes par quelques dizaines de soldats déchaînés.

Sans le savoir, sans le vouloir, j'ai été un grain de sable dans cette machine infernale. Avec quelques hommes, quelques armes et 2 blindés, on a tenu bon, l'assaut a échoué. Les putschistes ont dû changer de tactique, mais il n'y avait pas de plan B. C'est à partir de ce moment-là qu'ils ont improvisé, qu'ils ont fait un peu n'importe quoi et qu'ils ont commencé à se démasquer.

---

[10] Magasin militaire

[11] Tu es un homme !

[12] L'expression kirundi *Akarwi kinkora bara* a été beaucoup utilisée à l'époque

N'importe quoi ?

Ils ne pouvaient pas me dire d'arrêter et de me rendre. C'était militairement impossible, c'était contraire à mes fonctions et aux ordres que j'avais reçus de mon chef. C'est pour ça qu'ils m'ont d'abord coupé la radio, pour que je sois livré à moi-même, sans communications, sans instructions. C'est pour ça que les assaillants se sont repliés et que le palais a été la cible des tirs d'artillerie. On a été bombardés à distance, le palais a pris feu. Moi je comptais pour rien dans tout ça, j'étais sacrifié, j'étais passé par pertes et profits, mais je n'ai compris leur but que quand j'ai vu le président sortir des ruines. Mais ça, je viens d'en parler, je n'y reviens pas.

Vous avez dit qu'il n'y avait pas de plan B. C'est assez incroyable, non ?

J'affirme qu'il n'y avait pas de plan B quand j'analyse la suite des événements après l'échec de l'assaut. La radio coupée, c'était de l'improvisation. Comme ça, ils me perdaient mais ils se coupaient aussi eux-mêmes de toute information. Le bombardement à distance, c'était de l'improvisation. Les barrages, les poursuites, c'était de l'improvisation et ils ne savaient pas que le président était à bord de mon blindé, jusqu'à ce que j'arrive au camp Muha ! La preuve de tout ça, la preuve que c'était de l'improvisation, c'est que tout a échoué... Ils voulaient tuer le président en quelques minutes, dans son palais, loin de l'état-major, et voilà que je leur amenais le président sain et sauf!

Ça explique sans doute aussi la violence de leur accueil. J'avais fait mon devoir, je m'attendais vraiment à des félicitations et j'ai eu le choc de ma vie, j'ai été reçu comme un traître!

Pourquoi avez-vous choisi d'aller au camp Muha? Qui a décidé? Vous avez parlé avec le président, que vous a-t-il dit?

Je ne l'avais jamais vu avant cette nuit-là. Je me suis présenté et je lui ai demandé ce qu'il voulait faire. Comme je vous l'ai raconté, il a d'abord essayé de passer le mur entre le palais et l'hôtel Source du Nil, je crois sur le conseil de Mushwabure, on lui a tiré dessus, il est revenu vers moi et on a décidé de partir dans mon blindé, avec la famille, et de forcer le passage.

Il m'a parlé de parents qu'il avait à Jabe ou à Kamenge, mais c'était suicidaire, indéfendable. Il n'a pas insisté, on a envisagé trois destinations: le Rwanda, l'ambassade de France et le camp Muha. Une seule me semblait jouable: le camp. Le Rwanda? C'était trop loin[13], trop incertain, et je savais que la route était barrée puisque j'avais localisé la provenance des tirs courbes sur le palais, ça venait notamment du rond-point Chanic. L'ambassade ? On n'avait aucun contact avec les diplomates français, le téléphone ne marchait pas. Restait le camp Muha, c'est-à-dire le siège de la garde présidentielle, le camp de base de l'USI, a priori loyaliste. Je pensais que c'était notre seule chance, je l'ai dit au président, il était d'accord. Il m'a dit : « Fais tout ce que tu peux. Tu seras un homme ! » Vous connaissez la suite.

Comment était-il ? Affolé, perdu ?

Non, très calme. Stoïque. Il n'a rien dit pendant tout le trajet, ni à moi, ni je crois à sa femme ou alors à voix très basse. On n'a plus échangé un mot, je savais ce que je devais faire. Je dirigeais le blindé d'en haut, casqué, le torse hors de la tourelle. Il me faisait confiance.

En fait, vous pensiez vraiment que la camp Muha était la solution, qu'il fallait tout faire pour y arriver, que le président y serait en sécurité ?

Oui ! Je me disais, de toute façon, coup d'Etat ou pas, le camp Muha reste le camp Muha, la garde présidentielle

---

[13] Une cinquantaine de kilomètres.

est la garde présidentielle, c'est un bataillon renforcé[14], imprenable, le président y sera en sécurité. D'où le choc terrible dans le bureau du major Nibizi, le commandant du camp, occupé par des officiers que j'ai ressentis immédiatement comme des menaces. Là j'ai eu peur, et tout s'est écroulé quand ils m'ont traité de tous les noms.

Mais après la peur et le désespoir il y a aussi la révolte. Je me suis dit : c'est fini, et je me suis révolté. En fait, je suis passé par toutes sortes de sentiments, j'ai protesté mais j'ai aussi continué à obéir aux ordres qui correspondaient à ma fonction : sortir le président et sa famille de mon blindé, sécuriser le camp avec les blindés, puis les ranger au garage, etc. Ce que j'ai appelé les ordres et les contre-ordres. Car je vous rappelle qu'eux aussi, les hauts gradés dans le bureau de Nibizi, improvisaient, ils devaient changer de stratégie, ils n'avaient jamais prévu de se retrouver avec Ndadaye vivant, au camp Muha ! Ils s'étaient sans doute retrouvés là pour préparer la succession, convaincus que Ndadaye était mort dans les ruines du palais, pour décider de qui va faire quoi et quoi, etc. Et notre arrivée a tout bouleversé. Ils ont dû à nouveau improviser.

---

[14] Un « bataillon renforcé » fait référence à une unité militaire qui a été augmentée par des moyens additionnels pour accroître sa capacité opérationnelle. Le camp Muha disposait d'engins blindés.

Je dois encore préciser quelque chose que je n'ai pas dit dans mon récit, parce que je l'ai réalisé plus tard : dans le bureau de Nibizi, j'ai dit qu'il y avait le secrétaire d'Etat à la sécurité, le lieutenant-colonel Lazare Gakoryo, mais je n'ai pas dit qu'il a quitté les lieux juste après. Manifestement il n'était pas dans le coup, il n'était pas d'accord avec les autres officiers, alors qu'il avait théoriquement autorité sur eux ! Quand le président est sorti de mon blindé, Gakoryo s'est éclipsé. En fait il est parti se réfugier à l'ambassade de France, comme certains dirigeants du Frodebu… Inutile de préciser qu'il n'était pas de Bururi, mais de Mwaro…

Mais pour en revenir à l'improvisation dont vous venez de parler, comment expliquez-vous la suite des événements après votre arrivée, le conciliabule des hauts gradés avec le président, puis son discours ?

Oui, ça fait partie de cette improvisation. C'est incohérent. Il y a eu du flottement. Que faire de ce président, qui devait être mort mais qui était toujours vivant ? S'entretenir avec lui, c'était d'abord une façon de gagner du temps. Je suppose qu'il a demandé qu'on épargne sa famille. Accordé. Et qu'il a demandé de parler aux militaires. Accordé. Sauf qu'entre-temps le major Nkurunziza est parti puis est revenu avec des soldats putschistes surexcités et avec une nouvelle, une fausse nouvelle, qui a précipité les événements : il a annoncé que l'artillerie basée au camp Mwaro, à une cinquantaine de kilomètres, était en mouvement vers Bujumbura. C'était faux mais cela a signifié la perte de Ndadaye. C'est alors qu'on m'a ordonné de ranger les blindés. Notre camp est devenu une proie facile, alors qu'on avait le nombre (600 hommes) et le matériel (15 blindés) pour dissuader toute attaque.

La famille du président a été évacuée, dans la jeep du chef d'état-major, mais pour Ndadaye c'était trop tard. Quand il a pris la parole pour mettre en garde les militaires, il a été conspué, insulté, malmené, sous l'œil impassible des hauts-gradés. Ce qu'il disait était du bon sens, il a prédit les malheurs qui allaient suivre, mais personne ne l'a écouté. Il était fini. Son sort était jeté. Le rapport de forces avait définitivement changé.

C'est alors que le président Ndadaye a été emmené ailleurs, au camp du 1er bataillon para et du 11e bataillon blindé, sans que le chef d'état-major s'y oppose ?

Oui ! Bikomagu n'a rien fait, il avait compris que le mieux était de laisser faire. Je pense qu'il a décidé d'assumer un coup d'Etat dont il n'était pas l'auteur.

Dans le rapport d'enquête de l'ONU (...), on parle beaucoup d'une liste d'officiers brandie par le lieutenant

Kamana dans la journée du 21. On dit même « établie » par Kamana, qu'est-ce que vous en savez, qu'est-ce que vous en pensez ?

Pfff ! Kamana, c'est un garçon de courses, c'est un pion, on l'a beaucoup vu cette nuit-là, j'ai même tiré sur son blindé, mais il n'a rien décidé et il n'a rien rédigé. Cette liste est sortie quand le putsch a changé de tournure, quand il n'était plus possible de le mettre sur le compte d'un coup de folie de quelques caporaux. C'est-à-dire quand les officiers supérieurs se sont retrouvés au camp Muha avec le président Ndadaye : sain et sauf, vivant ! C'est là que tout a changé, définitivement, j'ai déjà expliqué que l'état-major (ou une partie de l'état-major) s'était démasqué en me coupant la radio et en changeant de tactique avec des tirs lointains sur le palais, et qu'on était depuis lors dans l'improvisation, mais quand Ndadaye est arrivé au camp Muha, tout a encore changé, et complètement. Là, il a bien fallu que la hiérarchie se rétablisse, que les hauts-gradés reprennent le commandement. Tout ce qui s'est passé à partir de ce moment-là a été ouvertement dirigé, contrôlé par des officiers supérieurs.

Reste à savoir qui étaient à la conception, à la manœuvre et à l'exécution. La fameuse liste, à cet égard, est très intéressante. Elle désigne en quelque sorte les responsables du putsch, mais attention… C'est assez subtil, ou très tordu si vous préférez. (Liste en annexe)

Cette liste compromet tous ceux qui y figurent, elle les implique dans le putsch, qu'ils y soient ou pas ! Nibizi y est cité, pas Bikomagu, c'est curieux, non ? Même si vous n'y êtes pour rien, même si vous n'avez rien fait, ni avant, ni pendant le putsch, vous n'avez plus le choix, vous êtes impliqué d'office. Votre silence vaut implication. On te met devant un fait accompli, tu ne peux pas dire non. Le seul qui a dit non, c'est Bugegene, le major Déo Bugegene, commandant de la base aérienne de Bujumbura, il a fui au Zaïre, il a été arrêté là-bas, accusé de putsch parce qu'il figurait sur la fameuse liste ! Il a été emprisonné à Makala avec des Burundais, dont un vrai putschiste, le colonel Ningaba, il a vécu un calvaire, il a pu en sortir grâce à un avocat guinéen, il est retourné au Burundi, il était comme une loque, fini, traité comme un moins que rien, par les autres officiers, par la médisance. Car la médisance chez nous, c'est une arme terrible. Il s'est réfugié au Canada en 2007, où il a été assez mal reçu, il lui a fallu 10 ans pour être accepté comme résident canadien, il a été fortement éprouvé . Voilà ce qui arrive à celui qui ose se soustraire à la liste !

Alors, il y a eu ce fameux week-end, le 23 et le 24 octobre, quand vous étiez chargé de sécuriser l'état-major. Bikomagu, Simbanduku et Ningaba étaient en réunion, ça n'en finit pas. Vous dites que tout se jouait là, entre ces 3 hommes…

Je ne sais pas à quel point ils étaient dans le coup. Pour Simbanduku, ça me semble évident, c'est lui qui a parlé au mess des officiers, il est apparu comme un commandant de fait, alors qu'il n'était même pas militaire, il était gendarme. Pour Ningaba, ça me semble évident aussi, il était emprisonné à Rumonge pour tentative de coup d'Etat le 1er juillet, il venait d'être libéré par les putschistes. Pour Bikomagu, c'est moins évident. Je l'ai vu changer d'attitude à plusieurs reprises, tantôt passif, comme dépassé par les événements, tantôt actif, s'imposant aux insurgés, décidant de sauver madame et les enfants, puis laissant Ndadaye aux mains des paras putschistes !... Il y avait une lutte de pouvoir. Les 3 étaient manifestement en concurrence, chacun voulait être le seul maître à bord, le seul chef de l'armée. Quelqu'un devait les départager…

Et là, je dois insister sur autre chose, quelque chose dont j'ai un peu parlé dans mon récit, mais à laquelle je n'ai pas cessé de repenser depuis lors. C'est la présence de Nkurunziza Alfred. Je devrais dire son omniprésence. Il était comme chez lui à l'état-major, il allait, il venait, je dirais même qu'il paradait. Mais pour le compte de qui ? Où allait-il chercher ses ordres ?

Vous parlez bien du major Alfred Nkurunziza ?

Oui, au fond, c'est comme s'il coordonnait tous les mouvements que j'ai observés pendant ce long week-end à l'état-major. L'épiscopat[15], quelques hauts cadres de l'Uprona, même des diplomates ! A mon avis, c'est lui qui coordonnait les allées et venues, et c'est sans doute lui qui a fait évoluer le rapport de forces entre Bikomagu, Ningaba et Simbanduku… Je ne crois pas que Bikomagu a fini par prendre le dessus uniquement parce qu'il était dans son bureau de chef d'état-major. Il s'est imposé parce qu'on l'a imposé. Quelqu'un a jugé qu'il était le mieux placé finalement pour assurer la continuité de l'armée, pour sauver les apparences, pour sortir de pays de la crise où il venait de plonger.

Pour vous, il y avait « quelqu'un » à la manœuvre, quelqu'un qu'on ne voit pas, qu'on n'entend pas, mais qui dirige tout ?

Absolument.

---

[15] Mgr Bernard Bududira, évêque du Bururi, président de la Conférence des évêques du Burundi.

Et qui était ce quelqu'un ?

Je n'en sais rien. Tout ce que je sais, c'est que quand les 3 se disputaient le pouvoir à l'état-major, il a bien fallu que quelqu'un tranche. Prenez Ningaba, il a finalement accepté de partir. On lui a donné les moyens, il a passé la frontière, il est allé au Congo. Il n'a pas fui, on l'a évacué. Restaient Bikomagu et Simbanduku. Qui les a départagés ?

Le fait est que Bikomagu est resté chef d'état-major.

Oui, et que Simbanduku a renoncé au poste.

Vous terminez votre récit à la Noël 1993, quand vous rencontrez Pierre Buyoya chez Sylvie Kinigi. Ce n'est sans doute pas par hasard. Pensez-vous qu'il pourrait avoir été derrière ce putsch ?

Je n'en sais rien. Mais je suis sûr que ce putsch n'a jamais été conçu par quelques caporaux égarés et que les hauts-gradés qui y ont participé n'ont pas agi de leur seule initiative. Au moins un concepteur est resté dans l'ombre. C'est pourquoi j'ai parlé de « quelqu'un ». Quelqu'un au-dessus, qui contrôlait tout.

Une personne pourrait nous dire qui était ce quelqu'un. C'est Alfred Nkurunziza. Il est toujours vivant. Je répète que je l'ai vu de mes yeux, il a été l'acteur principal de ce putsch, il était partout, au moment crucial. Je l'ai vu donner des ordres, sortir dans sa jeep, revenir, souffler à l'oreille de Bikomagu, etc. Or il n'était pas le plus haut gradé, d'où lui venait son autorité, à qui obéissait-il ? Seul lui peut répondre à cette question.

Et comment ne pas lui poser une autre question : pourquoi a-t-il été chef de cabinet de Buyoya quand il a repris le pouvoir en 1996, puis son ministre de la défense en 1997 ? Hasard ou récompense ?

Comment analysez-vous ce coup d'Etat avec le recul ?

Pour moi, c'était un coup d'Etat politico-militaire. Il y avait un système établi qui ne voulait pas céder la place à un autre système. A cette époque, le système était à base ethnique et régionaliste.

C'est-à-dire ?

Au fond, si 1972 n'avait pas eu lieu, est-ce que 1993 aurait eu lieu ? Je pose la question. Comment pouvait-on avoir une armée où 90 % des hommes venaient de la même province, étaient d'une même ethnie minoritaire, et prétendaient en même temps diriger tout un pays ? C'est complètement anormal. Et là je ne parle que de l'armée. Je pourrais parler des autres secteurs de l'Etat, mais restons sur le cas de l'armée. Elle était dirigée par des Tutsi, d'une seule province, de 3 communes pratiquement, Rutovu, Matana et Vyanda. Cela a duré comme ça plus de trente ans. Aucun officier de Cibitoke, aucun de Bubanza, aucun de Kayanza, aucun de Karusi, aucun de Kirundo, etc. C'est très grave ! Et après 93, ça a été encore pire. Toutes les provinces étaient dirigées par des militaires, tous les administrateurs communaux étaient des militaires, les chefs de zones étaient des militaires, des sous-officiers. Et d'où venaient-ils ? Globalement de Bururi !

Si l'armée n'avait pas été ainsi, si elle avait été équilibrée, il y a des actes qui n'auraient pas été commis. Cet acte, cet assassinat d'un président n'aurait jamais été commis. On n'aurait même pas pensé à poser un acte pareil.

Et concrètement, comment s'est fait le « passage à l'acte » ?

Je pense qu'il y avait trois paliers dans ce coup d'Etat : la conception, l'organisation et l'exécution. Ceux qui étaient sur le terrain, au 3e palier, avaient des informations très partielles, très ciblées. Les informations plus stratégiques étaient réservées au 2e palier, à ceux qui formaient l'état-major opérationnel, qui géraient l'organisation du putsch. Mais ceux-là n'avaient pas toutes les informations. Ceux qui les avaient formaient l'état-major de conception, au 1er palier.

Et vous avez des noms ? Selon vous, qui était dans cet état-major de conception ?

En fait j'ai donné les noms. Relisez mon récit. J'ai dit qui occupait le bureau de Nibizi quand je suis arrivé avec le président au camp Muha. Il y avait le chef d'état-major Bikomagu, le secrétaire d'Etat à la sécurité le lieutenant-colonel Lazare Gakoryo (mais lui s'est vite éclipsé, comme je l'ai déjà dit), le colonel Mivuba (major à l'époque je pense) attaché à la documentation, le major Nkunzimana alias Cadre, commandant de la base aérienne. Il y avait aussi l'inévitable Alfred Nkurunziza. Pourquoi étaient-ils là ? Ils n'étaient pas là par hasard. Ce n'était pas l'état-major de l'armée qui était là. Avec le recul, je me dis que c'était l'état-major du putsch !

Et pourquoi les militaires hutu ne se sont pas révoltés et n'ont pas empêché le coup d'Etat ?

Non, impossible, il y en avait trop peu. On a dû en chercher pour constituer l'USI. On a cherché dans les différents bataillons, ici et là. On les a amenés au camp Muha, pour qu'on ait quelque chose de mixte, avec au moins une centaine de Hutu. Je le répète : l'armée était presque entièrement tutsi, on disait mono-ethnique, mais c'était presque mono-régionale ! Il n'y avait pas plus de 10 % de Hutu ! Et jusqu'à la fin des années 80, il y a eu d'ailleurs des Hutu qui se faisaient passer pour Tutsi. De toute façon, on n'en parlait pas, c'était un sujet tabou…

Mais donc la question de l'armée est fondamentale. Si tu n'as pas l'armée, tu ne peux pas diriger. C'est ce qu'ils disaient au CNDD-FDD, c'est vrai. Ndadaye n'avait pas l'armée, il a été tué.

Si on n'a pas purgé cette histoire de 1972, si on n'a pas purgé cette histoire de 1993, on fait quoi ? Les accords d'Arusha ont été négociés par ceux à qui probablement on peut imputer les massacres des Hutu et des Tutsi. Comme disait Alpha Blondy, tu me donnes ça, je te donne ça. On n'a jamais purgé les vrais problèmes, on n'a jamais analysé. Pour pardonner, il faut d'abord reconnaître les faits : qui a fait quoi ? Qui a tué Ndadaye ? Qui a conçu ça ? Kamana ? Ngomirakiza ? Non !

2024
MES INTIMES CONVICTIONS

Comme je viens de le dire, il y a eu un acte de lâcheté. Le Haut Commandement ne s'est pas battu pour son chef. Il y a également eu trahison : le Haut Commandement a failli à sa mission première de protéger la vie. Après avoir relaté et analysé les événements tragiques de la nuit du 21 octobre 1993, je ressens une impérieuse nécessité de partager ce que j'ai porté en moi pendant si longtemps. En tant que survivant de cette nuit fatidique, je continue à me poser mille questions sur les raisons de ma survie. Était-ce la providence, un simple coup de chance, ou peut-être un mélange des deux ? La réponse m'échappe encore, mais je ressens une responsabilité accrue envers l'histoire.

Ce coup d'État a été une véritable catastrophe et, pour longtemps encore, nous en paierons les conséquences. Dans de rares cas, un putsch peut être perçu comme légitime, par exemple lorsqu'il vise à libérer un peuple d'un régime dictatorial. Pour cela, il est crucial d'avoir le soutien de l'opinion nationale et, par conséquent, de la communauté internationale, malgré quelques dénonciations de principe.

En octobre 1993, le Burundi avait un gouvernement jeune de trois mois, issu d'élections saluées par tous les observateurs. Les auteurs du coup d'État ont plongé le pays dans une crise indescriptible. Il est temps de briser le silence, cet autre mal qui ronge également le Burundi. Comme le dit un proverbe, « *celui qui veut guérir d'une maladie doit la nommer.* »

Dans cette section, je souhaite proposer quelques clés, que je considère essentielles, pour comprendre notre tragédie. Tout d'abord, je mettrai en lumière le rôle du régionalisme, qui a transformé l'armée en un corps fermé et non inclusif, à la source de nombreuses frustrations. Ensuite, je démontrerai que cette armée, n'étant pas prête pour l'alternance démocratique, n'a pas pu protéger et sauver le Président. Enfin, je dirai comment l'armée n'a jamais cherché à identifier les auteurs ni à punir les responsables de ces actes.

J'espère ainsi offrir une meilleure compréhension des mécanismes et des décision qui ont conduit à cette tragédie, avec l'espoir que de telles horreurs ne se reproduisent jamais. Il est important de préciser que ceci est une analyse personnelle, enrichie par mon expérience au sein de l'armée et par les épreuves que j'ai endurées.

LE RÉGIONALISME AU SEIN DE L'ARMÉE A-T-IL JOUÉ UN RÔLE DANS LA CRISE DE 1993 ?

C'est un sujet presque tabou. Paradoxalement, le dire vous fait passer pour un « régionaliste », ce qui n'est jamais une qualité. Mais souvenez-vous de ce que l'on a appelé « l'affaire Ntungumburanye ». En 1971, des officiers en vue et des intellectuels originaires de la province de Muramvya sont accusés de fomenter un coup d'État contre le régime du Président Micombero. Le verdict tombe le 27 janvier 1972 au terme d'un procès resté dans les annales en raison du caractère ubuesque des accusations. Neuf condamnations à mort sont prononcées, mais suite à une pression nationale, de l'Eglise catholique notamment, et à une mobilisation internationale, les peines de mort sont commuées en peines de prison.

L'affaire va laisser des séquelles entre les Tutsi de Bururi et ceux des autres régions, dont une profonde haine. Les Tutsi non ressortissants de Bururi se méfieront désormais de l'armée. Les Hutu eux n'oublieront pas que d'autres « conjurés », dans une autre sombre affaire de coup d'État, deux ans plus tôt, en 1969, ont été passés par les armes sans pitié. Les Hutu ont été exécutés. Les Tutsi graciés. Une justice très sélective donc.

C'est dans ce contexte de division qu'arrive 1972, l'année noire dans la mémoire collective. D'autres ont écrit sur cette année et je ne vais pas m'attarder sur le déroulé. Pour faire bref: en 1972, des rebelles Hutu ont attaqué et tué des Tutsi dans les régions du sud du Burundi, le long du lac Tanganyika, à Rumonge, à Nyanza-Lac, et ailleurs. Les récits de ces massacres sont glaçants. La répression qui a suivi ces tueries a été pire encore, elle a touché tout le pays. Des élèves, des instituteurs, des étudiants, généralement, tous les Hutu qui savaient lire et écrire ont été emmenés, tués atrocement et jetés dans des fosses communes. L'armée a été a été le moteur de cette répression, aidée, selon plusieurs témoignages, par la jeunesse du parti UPRONA. La plupart des historiens sont unanimes à ce sujet.

La répression aveugle de 1972 révèle une profonde faillite morale de l'armée burundaise, doublée d'une absence criante d'une véritable doctrine militaire. Normalement, la doctrine militaire est sans équivoque: la force militaire est principalement chargée de la défense nationale et de la sécurité du territoire contre des menaces extérieures. La doctrine fournit des principes et des directives qui guident les forces armées dans la planification et la conduite des opérations militaires. En 1972, l'armée faisait-elle face à une attaque contre le territoire national? Non. Y avait-il une menace externe? Non.

Alors, comment justifier cette intervention brutale, cette traque des instituteurs, des lycéens et des étudiants sans armes, simplement parce qu'ils étaient Hutu ? Si l'on peut comprendre l'intervention militaire pour arrêter les tueries dans les régions du Sud, la répression menée à l'échelle nationale n'a aucune justification. C'est le symptôme d'une institution qui n'avait pas de principes directeurs solides pour encadrer son action et qui a failli non seulement en tant qu'entité protectrice de la nation, mais aussi dans son devoir moral envers les citoyens.

La gestion des événements de 1972 a été catastrophique. À l'armée, l'épuration des Hutu a été quasi totale. Les Hutu qui n'ont pas été tués ont fui. Déjà minoritaires dans l'armée, après 1972, les Hutu n'oseront plus entrer dans ce corps.

Après l'affaire Ntungumburanye, les Tutsi non ressortissants du Sud savent qu'ils ne sont pas les bienvenus dans cette armée contrôlée par des officiers de Bururi. Surtout qu'en 1972 de nombreux Tutsi ont été tués parce qu'ils n'étaient pas de Bururi ou « par erreur » (quel cynisme !) car ils ont été pris pour des Hutu !

Après 1972, une autre conséquence tragique a été que l'armée est devenue presque monoethnique et, dans une large mesure, monorégionale. Je le dis et je l'assume. J'anticipe déjà les attaques : je sais que je serai traité de tous les noms. Mais encore une fois, si nous voulons sortir de ce mal, il faut le nommer.

Le régionalisme à l'armée était concret, notamment pour les postes de commandement. Le cas des différents chefs d'état-major originaires de Bururi qui se sont succédé est assez impressionnant. Le général Thomas Ndabemeye, originaire de Bubanza, premier chef d'état-major du Burundi post-monarchique en poste entre 1966 et 1976, sera remplacé par le colonel Antoine Niyungeko, originaire de Gitega (Ryansoro), entre 1976 et août 1981.

Depuis lors, pendant plus de 20 ans, ce sont des officiers du Sud qui vont se succéder :

- 1981-1982 : colonel Kazatsa Charles de Bururi (Vyanda).

- 1983-1987 : colonel Karenzo Herménegilde de Bururi (Rutovu).

- 1987-1989 : colonel Ndakazi Edmond de Gitega (Ryansoro).

- 1989-1993 : colonel Mibarurwa Michel de Bururi (Rutovu).

- 1993-1996 : Colonel Bikomagu Jean de Bururi (Bururi).

• 1996-2003 (ou fin 2002) : colonel puis général Niyungeko Vincent de Makamba (Vugizo).

Il faudra attendre 1996 pour avoir un officier non ressortissant du sud à la tête de l'état-major : le général Germain Niyoyankana de Gitega, dans la commune de Ryansoro. Et là encore, il faut souligner que le général Niyoyankana avait des « attaches » solides dans le sud. Originaire de Bururi (Mugamba), son père avait migré vers Ryansoro.

C'est encore très flagrant avec les différents ministres de la Défense : c'est Micombero qui ouvre la liste comme ministre de la Défense du Burundi après que le jeune monarque Charles Ndizeye a déposé son père. Après Micombero, Bagaza va prendre la relève, remplacé par Maregarege, puis Ntakije. En 1994, à la suite coup d'État, il y aura une entorse à la règle non écrite, un changement, avec Gédéon Fyiroko, originaire de Ngozi, qui sera remplacé par Sinzoyiheba (Bururi), puis Nkurunziza (Bururi). Pendant 41 ans, de 1966 à 2001, il y aura un seul ministre non originaire du Sud. L'armée était le fief du Sud.

Quid de la vie de tous les jours à l'armée ? Le malaise était perceptible pour les non-ressortissants de Bururi. Déjà, à l'ISCAM, si vous n'étiez pas de Bururi, vous saviez que vous étiez destiné à être affecté à une garnison de province, rarement à Bujumbura.

Le commandement des prestigieux camps militaires comme le 1er bataillon para et le 11e bataillon blindé étaient « réservés » à des ressortissants de Bururi.

Huit ans plus tard, en 2001, la haute hiérarchie de l'armée burundaise était encore quasi mono-régionale. Sur 100 bataillons, 71 étaient dirigés par des gens de Bururi. J'ai parlé des ministres de la Défense, des chefs d'état-major, mais cette domination par les gens du sud se retrouvait également à d'autres postes de responsabilité. Les différents présidents qui se sont succédé n'ont rien fait de substantiel pour briser ce système instauré dès la Première République.

Le régionalisme au sein de l'armée burundaise a aggravé les tensions ethniques et régionales. À la longue, il a créé un sentiment d'exclusion pour les Hutu et pour les Tutsi non originaires de la province de Bururi. Le régionalisme a affaibli la cohésion nationale et fait le lit de la radicalisation de certains Burundais frustrés. Ceci pourrait expliquer – sans l'excuser – la violence de la rébellion hutu contre les militaires (assimilés aux Tutsi), mais aussi à la population civile tutsi, comme on le vivra pendant plusieurs années.

Pendant longtemps, il n'existait pas de voies de contestation, ni de médias indépendants, la radio « nationale » et le quotidien Le Renouveau avaient une fonction bien spécifique : accompagner l'action gouvernementale. Il n'y avait pas comme aujourd'hui de « société civile », de groupes de pression. Il n'y avait pas de réseaux sociaux et autres lanceurs d'alerte. Le pays était verrouillé et le parti UPRONA et ses mouvements intégrés quadrillaient tout. Une chape de plomb couvrait le pays.

Des groupes folkloriques chantaient les bienfaits des régimes. Des chansons étaient composées à la gloire du premier Président, Michel Micombero. Micombero avait pris comme modèle le leader nord-coréen Kim Il Sung. Sur le boulevard de l'Uprona, l'artère où était érigée la présidence, la Corée du Nord disposait d'une belle ambassade. Les plus anciens se souviennent des « mouvements d'ensemble », des exhibitions au stade concoctées par des chorégraphes coréens pour célébrer la gloire de Maza Meza (le bienfaiteur), alors que des dizaines de milliers de Burundais avaient été passés par les armes en 1972.

La sagesse populaire rappelle que « *Abarundi bagona bari maso* » (Les Burundais dorment et même ronflent les yeux ouverts), ceci pour dire que les Burundais voient tout, même s'ils ne disent rien.

Bagaza continuera cette tradition de l'autoglorification, souvenez-vous de la tentative d'effacer le nom de la JRR (Jeunesse Révolutionnaire Rwagasore) en UJRB (Union de la Jeunesse Révolutionnaire du Burundi) mais qu'on qualifiait de « Union de la Jeunesse Révolutionnaire Bagaza ». Pierre Buyoya pratiquera aussi l'autoglorification, mais de manière moins prononcée. Le vent de la démocratisation commençait à souffler.

Certes, avec l'arrivée de Bagaza, le pays a connu un essor économique visible, c'est indéniable. On peut même dire que la décennie du pouvoir de Jean-Baptiste Bagaza est la plus calme que le pays aura connue depuis son indépendance. Il existe désormais un consensus dans tous les groupes sociaux et tous les horizons politiques sur le fait que « les années Bagaza », sans être parfaites, ont été assez paisibles. Bagaza s'est occupé du développement. C'est un fait. Mais a-t-il touché à la structure et aux injustices observées à l'armée ? Non. Le régionalisme restait bien présent. Une petite anecdote : moi, je suis entré à l'armée en 1984. Je me souviens que lors de l'entretien, on nous demandait de citer le nom d'un officier originaire de notre région, pour soi-disant savoir qui prévenir en cas de problème. Mais en réalité, c'était pour mieux vous identifier sans risque de se tromper. La recrue devait être en quelque sorte parrainée.

Bagaza a renforcé le régionalisme qui se doublait souvent d'un clientélisme abject et un conflit feutré mais permanent entre les Bayanzi et les autres clans. Sous Bagaza, tous les bataillons importants de l'armée étaient dirigés par des gens de Bururi.

Bagaza a renforcé le système de renseignement avec les fameux « sûretards ». On était épié plus qu'avant. C'est d'ailleurs cet autoritarisme et le conflit avec la puissante Église catholique qui vont le perdre.

La 3e République arrive en 1987 avec le coup d'État de Pierre Buyoya. Au niveau de l'armée, on observera le même statu quo, même si quelques jeunes Hutu ont pu intégrer l'ISCAM. Mais en gros, le « système » restera quasiment intact. On peut porter au crédit de Pierre Buyoya la gestion responsable de la crise de Ntega et Marangara. Pour rappel, après des massacres de Tutsi imputés aux éléments du Palipehutu en août 1988, l'armée est intervenue brutalement dans les deux communes, faisant des milliers de victimes innocentes. Force est de reconnaître que, contrairement à 1972, l'armée a circonscrit son intervention à cette zone troublée et ne s'est pas lancée dans une répression aveugle à travers tout le pays.

Il semble que cette crise ait été un « déclic » pour Pierre Buyoya, qui a alors initié des changements politiques. Néanmoins, la crise de Ntega et Marangara n'a pas conduit à une réforme profonde des forces armées du Burundi dans son organisation et sa composition. Mais l'armée héritée de Micombero, puis Bagaza, est restée toujours une institution fermée. Les postes importants sont aux mains d'officiers de Bururi.

Ce verrouillage de l'armée suscitait la peur des deux côtés : chez les Hutu, l'armée était une institution quasiment interdite depuis de longues années. Les Tutsi de Bururi voyaient dans l'armée une sorte de rempart : ils se sentaient menacés par les Hutu, les attaques du Sud en avril 1972 avaient laissé des traces. Les gens du sud se méfiaient aussi des Tutsi des autres provinces.

Ceci n'est pas une vue de l'esprit. Pour illustrer cette hantise, je voudrais raconter comment le « système » a continué à favoriser les premiers au détriment des seconds jusqu'à la fin de la guerre. Quand Pierre Buyoya a repris le pouvoir en 1996, je me souviens qu'il a brisé l'élan de deux brillants officiers non ressortissants de Bururi : feu le Lieutenant Colonel Twagiramungu et feu le Général Major Ndayirukiye. Twagiramungu était gouverneur de Ngozi, très populaire, chez les Hutu comme les Tutsi. Ndayirukiye était commandant de la 3e région militaire, très aimé et respecté des soldats. En 1997, Buyoya les a « neutralisés », les a coupés de leur base en les appelant auprès de lui. Le premier est devenu ministre de l'Intérieur, le second, chef de cabinet militaire du président. Deux promotions en trompe-l'œil.

Je crois que le régionalisme et le clanisme ont eu un effet profondément néfaste sur les institutions burundaises, surtout dans l'armée, jusqu'à la tragédie de 1993.

L'ARMÉE ÉTAIT-ELLE PRÊTE POUR LA DÉMOCRATIE ?

Ma conviction est non. Et le Frodebu s'en était rendu compte. J'ai discuté avec de nombreux politiciens issus du Frodebu et actifs en 1993. Pour eux, à l'époque, l'Uprona n'était pas vraiment le parti au pouvoir, mais simplement le faire-valoir, la façade d'un régime militaire. Et ce régime n'était absolument pas préparé à un changement de pouvoir.

J'ai appris que le parti de Ndadaye a tenté de trouver des solutions intermédiaires favorables à tout le monde. Ils ont envoyé des émissaires chez Buyoya, encore président, pour lui dire que son calendrier, commençant par les élections présidentielles, n'était pas bon, mais que le Frodebu l'acceptait, mais que pour éviter la victoire de Ndadaye et une crise ingérable, il était prêt à ne pas présenter de candidat à la présidence, et donc à soutenir la candidature de Buyoya. Seule condition : que Buyoya se positionne au-dessus des partis politiques, et que le Frodebu joue sa carte aux législatives. Une sorte de « cohabitation » comme on dit aujourd'hui.

Cette stratégie aurait permis de préparer les esprits au changement, surtout chez les véritables détenteurs du pouvoir : les militaires. Avec un président de la

Pierre Buyoya, le candidat de l'ancien parti unique, passe le relais à Melchior Ndadaye, vainqueur des élections. (Photo collection privée)

République qu'ils connaissent, tutsi, militaire, originaire de Bururi, et qui a déjà dirigé le pays avec une certaine ouverture d'esprit, la direction du Frodebu estimait que les Tutsi se sentiraient rassurés, ainsi que les militaires et toutes les forces traditionnelles ayant des intérêts dans le pays.

D'après mes informateurs, cette stratégie a été suggérée au président Buyoya par Gilles Bimazubute, puis par Jean-Marie Ngendahayo, puis par Melchior Ndadaye lui-même, pour lui donner encore plus de poids, mais le président Buyoya a refusé. Il ne voulait pas se démarquer de l'Uprona, parti historique de Rwagasore. Et le Frodebu a sans doute accordé trop d'importance à la personne de Buyoya et pas assez aux multiples cercles de décision autour de lui. En tout cas, c'est ainsi que certains de ses anciens dirigeants voient les choses : trop de naïveté, il aurait mieux valu faire du lobbying auprès de certaines personnes clés dans la hiérarchie militaire, de l'Uprona, et peut-être même dans les milieux d'affaires proches du pouvoir…

Ainsi, nous avions en présence le parti Frodebu, très populaire mais inquiet et à qui l'Uprona a imposé son calendrier. Et le parti Uprona, aussi inquiet mais convaincu de remporter les élections. N'avait-il pas l'armée avec lui ? Un détail, qui n'a rien d'anecdotique : à l'armée, on cotisait pour l'Uprona ! Il était admis que les soldats allaient voter pour l'UPRONA. Je me souviens d'une allocution du ministre de la Défense, feu le colonel Maregarege, devant les officiers réunis au mess. On nous a permis de poser des questions. Un officier a demandé : « Monsieur le ministre, supposons que le Frodebu gagne ? » Le ministre a répondu : « Nous allons gagner. » Remarquez l'usage du « nous ». Pour le ministre, l'armée se confondait avec l'Uprona. L'officier a insisté : « Supposons l'impossible. » Le ministre énervé a rétorqué : « C'est impossible, assieds-toi, nous devons gagner. » Les militaires présents se souviennent sûrement de cet échange. L'armée n'était vraiment pas prête pour l'alternance.

Un autre souvenir : un échange avec le Major Nkurunziza Alfred, commandant du 22e bataillon commando de Gitega où j'étais affecté. Je lui ai dit qu'avec la ferveur populaire visible à travers tout le pays, le Frodebu pourrait gagner. Il m'a répondu : « C'est impossible, tu es jeune, tu ne comprends rien. »

L'armée n'était donc pas prête pour l'alternance. Autre souvenir encore. Après la victoire du Frodebu en juin 1993, Colonel Mibarurwa, alors chef d'état-major, a fait une tournée dans certaines garnisons, dont celle de Gitega. Je me souviens, la rencontre s'est déroulée à la BAG, la base aérienne de Gitega. Mibarurwa a dit aux militaires en kirundi : « Basirikare mwigumye, twatsinzwe ». Traduction : soldats, restez calmes, nous avons perdu. Une fois encore, remarquez l'usage de « nous ».

L'armée, censée être neutre, apolitique, avait choisi son camp. Elle n'était pas préparée pour l'alternance.

Je pense que Ndadaye savait qu'il allait gagner les élections, mais qu'il aurait du mal à gouverner. Il était conscient que cette configuration de l'armée posait un problème sérieux.

Mais fidèle aux valeurs qu'il défendait, il a misé sur la loyauté de l'institution. Ndadaye n'était pas non plus obsédé par sa sécurité personnelle. Une anecdote : peu avant sa victoire, un proche l'a interrogé sur la facilité avec laquelle on entrait dans sa résidence à Mutanga Nord. Ndadaye avait répondu : « Quel fou, quel aventurier oserait porter la main sur le président du Frodebu, tout le monde voit notre popularité. Ce serait de la folie, ce serait brûler le pays. »

Ndadaye ne pouvait pas imaginer que des adversaires seraient effectivement des « aventuriers prêts à brûler le pays » pour ne pas perdre le pouvoir. » Malheureusement, c'est ce qui s'est passé. Ndadaye misait sur la loyauté de l'armée. Une fois élu, il a tout fait pour montrer qu'il était avec elle. Il s'est employé à la rassurer après sa victoire. Ses discours devant les militaires se voulaient rassurants. Les réformes se feraient en concertation avec les militaires, disait-il. Même au moment ultime, quand les militaires du bataillon Para sont venus le cueillir sans qu'un seul coup de feu soit tiré, il a encore tendu la main dans ce qui devait être son dernier discours. « Demandez-moi tout ce que vous désirez, je vous le donnerai, mais ne versez pas de sang. »

Mais il est faux de penser que Ndadaye était naïf. On le sait désormais, selon plusieurs témoignages confirmés, il aurait souhaité une transition avec Pierre Buyoya comme président et lui-même comme Premier ministre, pour aller vers une victoire inéluctable du Frodebu aux législatives, processus qui aurait alors abouti dans un contexte moins tendu. Sur le tard, il avait compris que cette armée, dans sa structure représentait un réel danger pour sa survie. Il avait accepté le concept d'une garde présidentielle suffisamment autonome pour protéger le Président. Une semaine avant le coup d'État, un proche de Ndadaye avait pris contact avec le Mossad israélien et le Président avait donné son feu vert pour une mission à Tel-Aviv pour discuter de cette collaboration avec des spécialistes en sécurité. Il n'en eut pas le temps.

AI-JE BIEN FAIT DE CONDUIRE LE PRÉSIDENT AU CAMP MUHA ?

J'ai déjà entendu cette question ou cette accusation plusieurs fois. Des voix ont même laissé entendre que j'aurais « livré » le Président. C'est un mauvais procès qui m'est fait et ces insinuations me font mal. Justement, j'ai souvent imaginé un procès avec tout le Haut Commandement. Je me vois debout face à la cour dans une salle bondée. Je suis seul, sans avocat. Je me vois plaider :

« *Votre honneur, mon commandant, le major Nibizi m'a demandé d'aller intervenir au Palais présidentiel attaqué. J'ai obéi aux ordres, votre honneur. J'ai défendu le Palais, votre honneur. J'ai empêché les mutins d'entrer. J'ai pu exfiltrer difficilement le Président du palais, cible d'attaques à l'artillerie, comme on dit dans l'armée. Des bombardements dont la finalité était de détruire toute vie à l'intérieur du palais. Dans ce combat, j'ai été livré à moi-même, votre honneur. Ma liaison radio avec l'état-major avait été sciemment coupée. J'étais isolé. Sacrifié. Pourquoi ?* »

Et ceci encore :

« *Pouvez-vous interroger le Haut commandement ici présent : quel crime ai-je commis pour qu'on me crache dessus ? Ce crachat m'a marqué à jamais, votre honneur. J'ai une autre question : le camp Muha avait tout pour défendre le Président. Le camp Muha, c'était au moins 600 militaires bien entraînés, bien équipés. Le camp comptait un escadron blindé en renfort que je commandais, c'est-à-dire au moins 15 véhicules blindés. C'était un grand bataillon, bien équipé, avec des mortiers, des lance-roquettes, bref, quatre compagnies renforcées. Ce n'était donc pas possible de sortir le Président de la République, en l'occurrence Commandant Suprême des forces armées. Je dirais que ce camp était une véritable forteresse...* »

Ce procès n'a pas eu lieu et n'aura jamais lieu probablement. Ndadaye, le commandant suprême, a été embarqué devant son chef d'état-major, son commandant de l'Unité chargée de sa sécurité, devant ses militaires pourtant bien armés, sans qu'aucun coup de feu ne soit tiré. Il n'y a eu aucun combat, aucune résistance contre les putschistes qui sont venus chercher le Président.

D'ailleurs, avec le recul, quand on y repense, comment est-ce que l'on a laissé le président rentrer dans ce palais alors que les rumeurs de coup d'État avaient circulé toute la journée ? Le Président aurait dû être à l'abri ailleurs. Apparemment tout le monde savait, mais personne ne voulait agir. Pourquoi ?

Non. Le Haut Commandement n'a jamais voulu faire la lumière sur les actes gravissimes commis le 21 octobre 1993. Pire encore, elle a tout fait pour maintenir une chape de plomb sur l'assassinat du Président Ndadaye. Pour une raison très simple : des membres du Haut Commandement était impliqué dans le crime !

Rappelons qu'au cours de la nuit du 21 octobre, le Frodebu a été décapité, les cadres survivants se sont terrés ou ont pris la fuite. Qui commandait le pays à ce moment-là ? L'armée. C'était le seul corps organisé pendant ces sombres heures. J'insiste, le Haut Commandement était maître de la situation. Je souhaite souligner que devant l'Histoire, la responsabilité du chef d'état-major et du Haut Commandement reste engagée.

La recherche de la vérité aurait dû passer par le colonel Jean Bikomagu, qui a laissé les putschistes cueillir tranquillement le Président, ou l'a livré, selon le point de vue. Sans qu'un seul coup de feu ne soit tiré. Pourquoi n'a-t-il pas donné les ordres nécessaires pour le protéger ?

Une explication avancée est que la situation était « hors de contrôle. » Je rejette complètement cette théorie, qui ne correspond pas à ce que j'ai observé

Un détachement d'officiers rend les honneurs lors des funérailles du Président Ndadaye. Une image que beaucoup ont trouvée cynique. (Photo collection privée)

cette nuit-là. Le Haut Commandement et les commandants des deux camps (Para et Muha) ont gardé le contrôle. Je rappelle que pour sortir des armes, des munitions, des véhicules blindés, et même pour attribuer une fréquence radio, il fallait suivre un protocole strict nécessitant l'implication des commandants de camps. À cette époque, l'armée burundaise était très bien structurée et hiérarchisée.

Le chef d'état-major, Jean Bikomagu, est parti en emportant ses secrets. Cet homme aurait dû s'expliquer sur cette « passivité » (à tout le moins) coupable. Dans l'armée, l'inaction face au danger constitue une faute grave, passible de la cour martiale.

Le colonel Isaïe Nibizi, mon commandant, est toujours vivant. Lui aussi aurait beaucoup à dire dans un vrai procès. Il m'a envoyé en mission et j'ai obéi. Mais sur le théâtre de l'opération, on m'a isolé, refusé les renforts, et coupé la fréquence radio. Qui en est responsable ? Pourquoi n'a-t-il pas envoyé des renforts ? Peut-être était-il impuissant face à des forces plus fortes et avait-il capitulé ? Quoi qu'il en soit, malgré mon amitié pour lui, je ne peux pas le dédouaner. Il lui a manqué le courage. Même quand on m'a craché dessus, devant lui, il n'a rien dit. Le colonel à la retraite devrait au moins décharger sa conscience et parler.

La justice aurait dû interroger le Général Major Ndayisaba alias « Kibadashi ». J'ai raconté comment il m'a arrêté au niveau du monument au Soldat inconnu, vêtu d'une tenue de combat, une radio à la main. Il m'a demandé si Ndadaye était mort et m'a félicité quand je lui ai dit que le Président avait péri dans le palais. Un aveu.

Il y a surtout Alfred Nkurunziza, j'en ai déjà beaucoup parlé. Il vit toujours, il serait en Australie. Pour moi, c'est la « cheville ouvrière » du putsch. Il devrait expliquer à la justice comment, alors qu'il n'était qu'un simple major, il avait un tel ascendant sur des officiers plus hauts gradés que lui et même le chef d'Etat Major.

Un officier dont je tairai le nom, qui était à la tête d'un camp militaire en 1993, m'a fait cet aveu terrible : « *Après octobre 1993, les commandants de camps, nous sommes tous restés en fonction. Mais c'est grave ! Nous n'avions plus aucune légitimité morale à rester. Personnellement, au fond de moi, j'avais honte, car nous n'avions pas su protéger notre Commandant suprême. Et puis tu imagines quelle image nous présentions aux Hutu...* »

Je partage cette amertume. Le 21 octobre 1993 a été comme une simple « parenthèse ». Rien n'a bougé dans le Haut Commandement. Bikomagu est resté chef d'état-major, le Major Nibizi a gardé son poste,

Célestin Ndayisaba a poursuivi sa carrière et monté d'échelon. Le major Alfred Nkurunziza a connu une ascension fulgurante. Il est devenu chef de cabinet militaire du Président Buyoya, puis son ministre de la Défense, et plus tard ambassadeur !

Les commandants des camps qui sont sortis (le 1er bataillon et le 11e bataillon blindé) sont restés en fonction pendant des années. Ceux qui devaient rendre compte sont restés en fonction, puissants, intouchables. Qui aurait osé affronter cette brochette d'officiers ?

Je voudrais raconter ce qui m'est arrivé pour que tout le monde comprenne définitivement que l'armée n'a jamais voulu faire la lumière sur l'assassinat de Ndadaye. Un jour, j'ai été appelé pour un interrogatoire devant la cour militaire. J'ai comparu devant le major, aujourd'hui colonel, Nzobonimpa, alias « Rubura », et feu le lieutenant colonel Baribwegure.

Première question : « Dites-nous les putschistes que vous connaissez. » J'ai répondu : « Vous voulez vraiment que je vous dise les putschistes que je connais ? » Ils m'ont dit oui. Calmement, je leur ai répondu : « Je vais commencer par vous désigner vous deux. François Ngeze vous a nommés par décret présidentiel. » Ils se sont regardés et l'entretien a pris fin.

J'ai répondu à d'autres interrogatoires. Mais chaque fois, je devais passer par le bureau du chef d'état-major qui me briefait sur les réponses à donner. Lorsque j'ai dû aller comparaître devant des enquêteurs de l'ONU, je suis passé d'abord devant le chef d'état-major. Il m'a dit ce que je devais dire aux gens de l'ONU. J'ai toujours été briefé et j'obéissais aux consignes données. Le chef d'état-major me disait : « Si on te pose cette question, tu vas répondre comme ceci. » Je dois la vérité aux Burundais. Oui, j'ai choisi de me taire et de raconter ce que ma hiérarchie voulait que je raconte. J'étais terrorisé. J'avais vu de quoi ces gens étaient capables. Pourtant, malgré ma docilité, à plusieurs reprises, ils ont essayé de m'éliminer.

MA SURVIE

Ma vie a basculé le 21 octobre 1993. Quelques jours après le putsch alors que j'étais parti chercher ma petite sœur bloquée à Gitega, au retour, nous sommes tombés dans une embuscade et ce n'étaient pas des rebelles, mais mes frères d'armes, je les ai vus ! Avec ma garde, je me suis battu et, par miracle, nous avons survécu. J'ai été grièvement blessé.

Ma vie est devenue un enfer. Je ne parle pas du dénigrement quotidien, des silences quand j'arrivais dans un groupe. On a tout fait pour me casser. Et je ne suis pas le seul à avoir vécu cet ostracisme. Je pense à Lazare Gakoryo, il s'était désolidarisé du Haut Commandement et réfugié dans une ambassade la nuit du 21 octobre. Il le paiera cher. Il sera accusé de trahison et de corruption. Selon une rumeur tenace, il était « bête », il aurait accepté de faux dollars. D'ailleurs, les faux dollars seront appelés « amakoryo ». Il ne trouvera plus de travail et finira oublié.

La machine à rumeur pour casser les gens est très efficace au Burundi. Une main invisible a frappé tous ceux qui étaient susceptibles de révéler des choses sur le coup d'État. Elle a tué le Colonel Nzeyimana Dieudonné, officier G2, il devait passer devant une commission d'enquête. Il a été tué en plein jour en avril 1996 à Bujumbura. On a accusé des « rebelles », mais plusieurs sources ont évoqué une « main invisible ». Un élève officier à l'ISCAM qui passait là a pu constater que le corps était déjà froid. Apparemment, le Colonel avait été tué ailleurs. Quelques jours plus tard, cet étudiant a été liquidé.

À peine le Colonel Nzeyimana avait-il été tué que son bureau a été fouillé, son coffre-fort vidé. Le Colonel détenait, semble-t-il, des enregistrements entre le Haut Commandement et les putschistes la nuit du 21 octobre 1993. Qui pouvait entrer à l'état-major, ouvrir, fouiller son bureau et déverrouiller son coffre-fort ? Dieudonné Nzeyimana avait 46 ans.

Le Major Lambert Sibomana, comme le Colonel Dieudonné Nzeyimana devait témoigner devant une commission d'enquête. Commandant de district de Bujumbura, il centralisait les renseignements de la gendarmerie. Lui aussi détenait sans doute beaucoup d'informations. Il a eu un étrange « accident » de voiture. Il est mort, mais son véhicule était intact.

Par ailleurs, des militaires arrêtés après l'assassinat de Ndadaye et détenus à la prison de Mpimba, ont été incités à « s'évader », mais c'était un guet-apens. Ils ont été tous les quatre tirés comme des lapins alors qu'ils escaladaient le mur de la prison.

Certains témoins clés qui pouvaient apporter des éclaircissements sur le coup d'État du 21 octobre 1993 n'ont donc pas eu ma chance. Un vide s'est créé autour de cette tragédie.

En 1997, il y a eu un autre pseudo-procès public. Je me souviens, l'affaire était soumise à la chambre judiciaire de la cour suprême dont le siège était présidé par le juge Seromba qui était en même temps président de la cour suprême. J'étais assis incognito dans le public. Jean Bikomagu et Isaïe Nibizi répondaient aux questions du juge Salvator Seromba. Mon nom a été évoqué. Je me suis fait tout petit et j'ai commencé à transpirer. Le magistrat a demandé :

— Ce lieutenant Rugigana est toujours en vie ?

On lui a répondu que oui.

— La Cour va l'entendre, a-t-il déclaré.

Le juge Salvator Seromba a alors décidé d'ajourner le procès pour la semaine suivante. Je suis retourné à l'état-major où je travaillais. À mon arrivée, le ministre de la Défense, Firmin Sinzoyiheba, m'a convoqué dans son bureau. Devant lui, j'ai salué et suis resté au garde-à-vous. Il ne m'a pas dit « repos » et a enchaîné tout de suite :

— Tu viens du parquet ?

Je me suis dit que les nouvelles allaient vite à l'armée.

— Oui, je viens du parquet, Excellence Monsieur le ministre.

— Tu es appelé à comparaître la semaine prochaine ?

— Oui, Excellence.

— Je ne vais pas pouvoir te protéger. Tu dois quitter le plus vite possible le pays. Je t'envoie en formation au Mali. Tu reviendras après le procès.

Il m'a dit textuellement : « Que ton sang ne soit versé sur mon compte ».

Je lui ai dit que je n'avais pas de passeport, pas d'argent. Il m'a assuré qu'il allait s'occuper de tout. Deux jours après, je prenais l'avion à Kigali, car le Burundi était sous embargo. Il m'a donné 1 000 dollars de sa poche. Firmin Sinzoyiheba m'a sauvé la vie. C'est pourquoi j'ai tenu à le remercier au début de cet ouvrage. Qu'il repose en paix. Je suis presque certain que j'aurais été éliminé avant ma comparution.

Je me suis donc envolé pour le Mali. Quid du procès ? Il n'a pas duré longtemps, le juge Salvator Seromba est décédé subitement peu après. Le ministre Sinzoyiheba a disparu dans un accident d'hélicoptère en 1998. Pierre Buyoya va nommer Alfred Nkurunziza pour lui succéder. Avec la disparition du ministre Sinzoyiheba et la nomination d'Alfred Nkurunziza mes malheurs vont recommencer. Première décision : il va couper ma bourse au Mali.

Pendant une année, j'ai galéré et survécu grâce à des amis et à la famille. Finalement, à bout, je suis retourné au pays, via le Rwanda, car le Burundi était toujours sous embargo. Je devais faire le trajet Kigali-Bujumbura par la route. Un ami m'a prévenu : une embuscade est prévue entre Bukeye et Mageyo. « Tu n'arriveras pas à Bujumbura », m'a-t-il dit. J'ai donc décidé de prendre un petit avion qui faisait la liaison avec Bujumbura pour 100 dollars.

Arrivé à Bujumbura, je me suis rendu à l'état-major pour demander une arme. À l'époque, à cause de l'insécurité, les officiers avaient le droit de détenir une arme chez eux. On me l'a refusée pour une raison futile et on m'a dit de revenir la semaine suivante. La première nuit de mon retour du Mali, mon domicile au quartier 6 de Ngagara a été attaqué. Ma clôture était faite de bougainvilliers et entre les arbustes, je pouvais distinguer les attaquants. Des militaires de l'armée régulière, pas des « assaillants ». J'ai été sauvé par un petit fusil R4 que j'avais chez moi, récupéré lors d'un combat avec des rebelles. Parfois, les officiers gardaient une arme en bon état. On les surnommait « merci Nyangoma ». Je me suis défendu et les attaquants ont battu en retraite. En partant, l'un d'eux m'a dit :

— *Genda sha nyoko ari n'umucisho*[16].

J'ai répondu :

— *Nta mama mfise*[17].

— *Uzomusangayo*[18].

Plus tard, j'ai appris que j'avais blessé un des attaquants. Mais le message était clair dès le premier jour de mon retour. Le lendemain, je suis allé à l'état-major pour rapporter ce qui s'était passé. J'ai déclaré avoir été victime d'une attaque par des militaires de l'armée

---

[16] Tu as de la chance, ta mère a des amulettes protectrices.

[17] Je n'ai plus de maman.

[18] Tu vas la rejoindre.

régulière. Avec beaucoup de cynisme, le chef d' Etat Major général m'a dit : « *Non, ce sont des bandits qui savaient que tu rentrais de l'étranger et que tu avais probablement beaucoup d'argent.* » Or, il savait bien que je venais de passer pratiquement une année de galère au Mali, sans aucune assistance du ministère de la Défense.

J'étais désespéré. J'ai appris que c'était probablement Pascal Simbanduku qui cherchait à m'éliminer. Un ami a demandé un rendez-vous pour moi. J'ai pris mon courage à deux mains (et un pistolet) et je suis allé le voir. Il avait un bureau au centre-ville de Bujumbura, en face de la pâtisserie « Aux Délices ». Je suis entré dans son bureau. Il m'a alors dit :

— Qui êtes-vous ?

— Je suis le capitaine Rugigana.

— Ah ! C'est vous. Asseyez-vous au salon.

Il s'est levé et s'est dirigé vers le petit salon.

Je me suis assis et je lui ai demandé pourquoi il voulait me tuer. Ce qu'il m'a dit m'a glacé le sang et je n'oublierai jamais. Il m'a dit que ce n'était pas lui. Il m'a dit que lors de la dernière attaque je m'étais bien défendu. Il m'a révélé que c'est Ndayisaba alias

« Kibadashi » qui cherche à me tuer. Puis, il a conclu : « *Jewe iyo ndashe simpusha* »[19]. Il l'a dit simplement. Froidement.

J'ai encore eu affaire à Ndayisaba lors du fameux coup d'État du lieutenant Gaston Ntakarutimana. Un coup d'État qualifié par de nombreux observateurs de « coup d'État d'opérette » à cause de son amateurisme. Le 18 avril 2001, Pierre Buyoya, président, est à Libreville au Gabon pour des pourparlers avec la rébellion armée. A cette époque, je travaille au G2 à l'état-major. Ce jour-là, vers 14 heures, un groupe de jeunes officiers emmenés par un certain lieutenant Gaston Ntakarutimana avec une quarantaine de militaires investissent apparemment sans aucune difficulté la RTNB.

Le groupe diffuse alors le message dans lequel il annonce que « Pierre Buyoya et le gouvernement qu'il dirige sont démis de leurs fonctions. (...) L'Assemblée nationale composée à majorité par des génocidaires, et d'autres nommés par Buyoya est suspendue et toutes les frontières sont fermées. »

Un coup d'État, quoi ! Mais curieusement, en dehors de la RTNB, la vie continue normalement.

---

[19] Moi, quand je tire, je ne rate pas ma cible.

À l'état-major, un officier me taquine. « Il paraît que les gens de Mwaro viennent de faire un coup d'État. » Il m'explique que c'est le colonel Bayaganakandi, ancien ministre et président du parti MRC-Rurenzangemero qui vient de prendre le pouvoir. J'ignore tout de cette histoire, or je suis G2. Je suis intrigué. Je prends ma voiture et je me rends chez le colonel Bayaganakandi. Je sais où il habite, à l'avenue du Large.

Je trouve deux gendarmes somnolents à côté du portail. Je leur demande si le patron est là. Ils me disent que oui, qu'il est allé jouer au tennis et qu'il fait la sieste avec son épouse. Bizarre pour quelqu'un qui fait un coup d'État. Je remonte alors la route qui passe devant la RTNB aux mains des putschistes. Je m'arrête devant et qui je vois ? Ndayisaba alias « Kibadashi » lui-même. Il m'interpelle :

— Que fais-tu là, margoulin ?

— Je passais par-là, mon colonel.

— Allez, dégage !

Je remonte dans ma voiture et je vais à l'état-major où je rédige un rapport circonstancié dans lequel je décris ce que j'ai vu. Le coup d'État du lieutenant Gaston Ntakarutimana finira très vite par la reddition des mutins vers minuit. Sans éclat. Mais je vais payer cher mon rapport et mon passage à la RTNB. Je suis chassé de l'état-major. D'officier G2, je me retrouve croque-mort ! Oui ! Je suis affecté à l'inhumation des militaires morts au combat… À cette époque, l'armée connaît beaucoup de pertes dans ses combats avec la rébellion. Dans tous les pays, pour ce genre de choses, la discrétion est de mise pour ne pas effrayer la population, mais aussi pour ne pas donner des motifs de satisfaction à l'ennemi.

Les dépouilles étaient recueillies dans le camp DCA en bas de l'hôpital Roi Khaled. Je les faisais enterrer l'après-midi, discrètement. Les familles étaient prévenues plus tard. Je n'avais pas de bureau. C'est une période très éprouvante de ma vie. Un jour, alors que je prépare les funérailles d'une dizaine de militaires tombés dans une embuscade à Muyira sur les hauteurs de Bujumbura, le ministre de la Défense, Cyrille Ndayirukiye passe par là. Je porte des gants, un masque, et j'aide à placer les corps dans les cercueils. Le ministre me prend à part et me dit, très étonné :

— Rugigana, qu'est-ce que tu fous ici ?

Je lui dis que j'ai été affecté à cet endroit. Et je craque. Je lui dis que je n'en peux plus , que je ne sais pas quel crime j'ai commis pour être humilié ainsi. Je lui dis aussi que j'envisage de fuir et que si j'arrive à l'étranger, je dirai tout ce que je sais. Il m'a écouté et m'a dit qu'il allait en parler au Président Buyoya. Quelques jours plus tard, j'ai quitté cet endroit : j'ai été nommé DAF[20] de l'hôpital militaire. Je venais d'échapper à la tâche la plus éprouvante de ma vie : être croque-mort.

IL FALLAIT PARTIR

De 2001 à 2007, j'ai travaillé comme DAF à l'hôpital militaire. L'établissement était bien tenu et nous avions de bons bilans financiers. Entre-temps, le gouvernement de l'époque mettait en place les équilibres préconisés par les accords d'Arusha entre les ex-FAB et les ex-MPA. Le CNDD-FDD a décidé d'opérer des changements, notamment à la Direction générale en charge des Approvisionnements et de la Gestion, un poste crucial pour la gestion de l'armée. Ce poste avait toujours été occupé par des officiers du sérail depuis 1966. C'est là que se gérait le budget de l'armée et des marchés importants, comme les achats d'armes, etc.

[20] Directeur administratif et financier.

Quand je suis arrivé, j'avais un cahier spécial des charges: rompre avec le système d'attribution abusive des marchés gré à gré et en finir avec un monopole qui s'était instauré et qui faisait que c'étaient les mêmes qui remportaient toujours les marchés de l'armée. En analysant les dossiers, j'ai trouvé que la combine résidait, entre autres, dans l'élaboration des dossiers d'appels d'offres (DAO) taillés sur mesure et le morcellement des marchés. Un exemple: le marché du carburant de l'armée était détenu par la même société depuis une dizaine d'années. L'astuce se trouvait dans le DAO, qui précisait que le fournisseur devait stocker le carburant dans «les entrepôts de Bujumbura et/ou de Gitega.» Parmi tous les soumissionnaires en compétition, un seul disposait d'entrepôts à Gitega (entrepôt qu'il louait à l'État). Fatalement, c'était lui qui remportait le marché, étant le moins-disant puisqu'il avait «ses propres entrepôts». C'était une concurrence déloyale. Tous les soumissionnaires devaient être dans les mêmes conditions et stocker le carburant dans les entrepôts à Bujumbura.

Autre astuce: le morcellement des marchés. Un gros marché était «saucissonné» en plusieurs petits marchés de 2 à 3 millions, par exemple, qui pouvaient alors être attribués de gré à gré. Mais à la fin de l'année, certains fournisseurs avaient empoché des centaines de millions à travers de petits marchés. J'ai mis en marche ce que l'on appelle l'unicité des marchés, conformément au nouveau Code des marchés publics.

Cela m'a mis à dos certaines personnes dans l'armée, à commencer par le ministre de la Défense de l'époque qui a pris ombrage de mes actions.

La goutte qui a fait déborder le vase fut la découverte de marchés qui avaient été payés, mais pas honorés. Par exemple, une commande pour l'installation d'une centrale téléphonique au ministère de la Défense nationale pour que les communications de l'armée ne passent plus par l'ONATEL. Ce marché a été payé alors qu'il n'a jamais été honoré. Les exemples sont nombreux. L'armée a acheté des hélicoptères M21 qui n'ont jamais volé ! Des armes ont été commandées mais elles se sont révélées défectueuses. Le point de rupture avec le ministre de la Défense fut mon refus de signer le paiement d'un marché d'armes dont les canons fondaient après quelques rafales. Je devais signer la réception mais j'ai refusé. Lors d'une séance mémorable, en présence de plusieurs officiers, le ministre m'a dessaisi du dossier en le confiant à mon directeur de département, mon subalterne. Une humiliation. Séance tenante, j'ai remis tout le dossier au ministre, j'ai salué et je suis sorti. Après moi, le marché a été approuvé et le fournisseur des armes défectueuses a été payé.

Après, le ministre m'a mis au placard, comme on dit. Il m'a nommé à un poste à l'inspection générale sous les ordres d'un jeune major. Humiliation suprême : un général sous les ordres d'un major. Indignés, deux généraux, que je remercie, Gahiro et Niyombare, sont allés voir le ministre pour protester contre ce traitement dégradant. « C'est la fonction qui est dénigrée », lui ont-ils dit.

Entre-temps, il semble que le Président ait eu vent des pratiques que j'avais dénoncées. C'est ainsi qu'il m'a nommé Conseiller Principal au cabinet militaire du président. D'une certaine manière, c'était une promotion et une reconnaissance de mes états de service. Par ailleurs, le chef du cabinet militaire du Président étant issu des ex-MPA, un Hutu, il fallait à ce poste un adjoint Tutsi, issu des ex-FAB, conformément à l'esprit des accords d'Arusha. Mais selon la rumeur, j'avais été nommé parce que j'étais devenu un vrai « DD », comme si je ne pouvais pas être méritant !

Au fil du temps, j'ai vu le climat se détériorer entre l'ancien et le nouveau « système ». Ces deux « systèmes » se découvraient, se jaugeaient et se combattaient. Il y avait des heurts feutrés : l'ancien « système » voulait se maintenir et le nouveau voulait tout contrôler. L'assassinat du général Kararuza, un proche, tué avec sa femme et sa fille, a été pour moi comme une alarme. Dans la foulée, des rumeurs ont circulé que le « prochain », ce serait moi. Je n'ai pas pris à la légère ces bruits. Depuis 1993, j'avais résisté à beaucoup de choses. J'avais résisté à la peur, aux menaces, aux attaques, au dénigrement… Avec l'assassinat de Kararuza, j'ai compris que cette fois, j'étais en danger extrême. Je connaissais trop de choses. Ce qui est plus inquiétant, c'était que le danger était diffus. J'avais dérangé beaucoup d'intérêts entremêlés. Je devais partir.

EPILOGUE

En commençant ce voyage personnel et historique, mon objectif était double : révéler ma part de vérité sur les événements tragiques du 21 octobre 1993 et préserver la mémoire des victimes. Ce témoignage est terminé, je ressens à la fois un soulagement et une responsabilité accrue.

Partager ces souvenirs m'a permis de relater des faits souvent tus, et espérer que la lumière ainsi projetée puisse contribuer à panser les plaies du passé. Ce livre n'est pas seulement un témoignage, il est également une quête de justice et de réconciliation. L'histoire du Burundi est marquée par des tragédies qui continuent d'affecter des générations entières. En évoquant la nuit fatidique de l'assassinat du Président Ndadaye, et en décrivant les mécanismes qui ont conduit à ce coup d'État, j'espère apporter une compréhension plus profonde de cet événement et ses conséquences.

C'est un hommage aux innocents qui ont payé de leur vie pour les ambitions démesurées d'une poignée de responsables plutôt irresponsables. Nous devons à ces martyrs de ne jamais oublier et de transmettre cette mémoire. Leur sacrifice appelle à une réflexion collective sur notre histoire et sur les voies pour construire un avenir meilleur, fondé sur la vérité, la justice et la réconciliation.

J'ai vécu des moments difficiles et je tiens à remercier les nombreux compatriotes, amis et anonymes qui m'ont soutenu. Vos encouragements m'ont donné la force de raconter cette lourde histoire. Cette démarche est aussi une tentative de réhabiliter l'image de ces nombreux officiers loyaux et honnêtes qui ont été sacrifiés ou marginalisés.

Durant ces années obscures, j'ai souvent ressenti l'ambivalence entre devoir militaire et impératif moral. Certes, les événements décrits ici sont complexes et les sentiments mêlés de honte, de peur et de culpabilité ont souvent été omniprésents. Mais en partageant ma vérité honnêtement et sans filtre, je souhaite ouvrir des discussions et lancer des réflexions permettant à notre pays de se tourner résolument vers la paix et la prospérité.

Aux dirigeants actuels du Burundi, je lance un appel sincère et urgent : ne répétez pas les erreurs du passé. Évitez l'ethnisme, le régionalisme et le clientélisme qui ont tant déchiré notre nation. Construisez une armée nationale inclusive, où chaque Burundais, quelle que soit son origine, se sent représenté et protégé. Les mêmes causes produisant les mêmes effets, il est impératif que nous apprenions de nos erreurs pour prévenir les tragédies futures. Une armée unifiée et non fragmentée est le pilier d'une nation prospère et stable.

Les questions restent nombreuses et les réponses le sont parfois bien moins. Mon témoignage n'a pas la prétention de répondre à toutes ces questions, mais il contribue à rendre compte d'une réalité trop longtemps occultée. La vérité, aussi difficile fût-elle à raconter, est le seul fondement sur lequel nous pouvons bâtir une réelle réconciliation nationale.

Comme de nombreux compatriotes, je suis contraint de vivre loin de ma terre natale, mais mon cœur reste intimement lié au Burundi. En tant que survivant, je ressens une profonde obligation de protéger la dignité de mon pays et de ses habitants. Il appartient maintenant aux générations futures de tirer des leçons de notre passé commun et de travailler ensemble à un avenir pacifique et démocratique.

Alors que j'écris ces derniers mots, je pense à tous ceux qui ont souffert, ceux qui ne sont plus là pour raconter leur histoire, et ceux qui, comme moi, portent jour après jour le poids de notre passé. Je pense à ma mère, à l'aube du 21 octobre 1993, fuyant de son lit d'hôpital des militaires à ma recherche, ivres de sang et de colère. Elle ne survivra pas et je n'ai pas pu lui donner une sépulture digne. De nombreux Burundais trainent dans leurs chairs et leurs cœurs des histoires tragiques.

Que cette modeste contribution aide à comprendre et à tourner une page sombre de notre histoire et ouvre la voie à des lendemains plus lumineux. Et à vous, chers lecteurs, merci de vous être laissé emporter par ce témoignage. Puissiez-vous désormais en conserver quelques fragments et œuvrer, chacun à votre manière, pour un Burundi réconcilié et en paix.

Bruxelles, septembre 2024
Joseph Rugigana

ANNEXES

ANNEXE 1

Sur ordre du lieutenant Kamana, plusieurs officiers ont été sommés d'aller sur-le-champ au camp para. Même si tous n'étaient pas impliqués dans le putsch. Il s'agit notamment de :

- Colonel Pascal Simbanduku
- Lieutenant-Colonel Juvénal Nzosaba
- Major Isaïe Nibizi
- Major Celestin Ndayisaba
- Major Déo Bugegene
- Major Alfred Nkuruziza
- Major Juvénal Niyoyunguruza

ANNEXE 2

Pendant plus de 20 ans, seuls des officiers originaires d'une même province ont commandé presque exclusivement les camps les plus importants du Burundi.

Premier bataillon para

Noms	Ethnie	Province d'origine
1.Col Nzohabonayo Sylvère : Bururi	Tutsi	Bururi
2. Col Ndikumagenge Gervais : Bururi	Tutsi	Bururi
3. Col Cishahayo : Bururi	Tutsi	Bururi
4. Col Haziyo Gerard : Bururi	Tutsi	Burui
5. Col Nzunogera Appollinaire : Bururi	Tutsi	Bururi
6. Col Niyoyunguruza Juvenal : Bururi	Tutsi	Bururi

11e bataillon blindé

Noms	Ethnie	Province d'origine
1. Major Buyoya	Tutsi	Bururi
2. Col Girukwigomba Pancrace	Tutsi	Bururi
3. Col Nsabimana alias Joli	Tutsi	Bururi
4. Col Bizimana Léon alias « Mwotsi »	Tutsi	Bururi

Groupement d'Artillerie de Mwaro

Noms	Ethnie	Province d'origine
1. Gen Niyungeko Vincent	Tutsi	Makamba
2. Major Niyongabo John	Tutsi	Bururi
3. Gen Hicuburundi Libère	Tutsi	Bururi
4. Col Niyukuri Jean Claude	Tutsi	Rutana
5. Gen Niyungeko V	Tutsi	Makamba
6. Lt-Col Nsabimana	Tutsi	Bururi

3e bataillon commando

Noms	Ethnie	Bururi
1. Commandant Jérôme Sinduhije	Tutsi	Bururi
2. Colonel Gerard Cishahayo	Tutsi	Bururi
3. Colonel Leonidas Maregarege	Tutsi	Bururi
4. Colonel Zaché Hwayi	Tutsi	Bururi
5. Colonel Fyiritano François	Tutsi	Bururi

Made in the USA
Las Vegas, NV
04 November 2024

11114564R00085